Huerto orgánico
Sembrar con éxito para recoger con abundante

Ciencia y tradición trabajan juntos para mejorar la siembra de cada vegetal

Coltivare l'orto Editrice

Crecer huerto

Bruno Del Medico

Huerto organico y sinérgico
Sembrar con éxito
para recoger con abundante
Cálculo de los días mejores por la siembra de cada hortaliza

Copyright © 2014 Coltivare l'orto Editrice di Bruno Del Medico

Sumario

Cálculo de los días mejores por la siembra de cada hortaliza 3

    Prefacio 8

Parte antes. Los factores del cálculo 10

    La temperatura de brotadura 11

El tiempo de emersión de las plántulas 15

    La fase lunar 18
    Con cuál criterio se elige la luna menguante o aquel creciente 19

Glosario lunar 23

    Pre-germinación 26

Modalidad de siembra 29

Cultivo de plántulas en contenedores individuales 29

Extraer las plántulas 30

Los disquetes de turba 30

El clareo de las plántulas 31

He aquí algunos métodos de siembra. 31

Método1. Semillas muy pequeñas. 31

Método2. Semillas manejables singularmente con facilidad 31

Método3. Semillas de calabaza u otra cucurbitácea 32

Método4. Las habas 32

Método5. Los guisantes y las judías 32

Método6. Patatas y otros tubérculos 32

Método7. Ajo. Bulbos de hortalizas 32

Método8. Ensaladas de corte. 32

Otros fechas sobre las siembras... 36

Parte segunda. Las fichas de las hortalizas 39

Primera sección, para arriba, ... 40

Sección central 40

Sección en bajo. Días preferidos por la siembra 40

Modalidad de siembra... 41

    Acelga 42
    Achicoria... 43
    Achicoria roja, Radicchio... 44
    Ajo.. 45
    Albahaca.. 46
    Alcachofa 47
    Apio 48
    Espárrago.. 49
    Batata.. 50
    Berenjena 51
    Bróculi 52
    Cacahuete.. 53
    Calabacín... 54
    Calabaza.. 55
    Canónigos.. 56
    Cardo 57
    Cataluña achicoria 58
    Cebolla fresca 59
    Cebolla invierno 60
    Cebolla verano.. 61
    Chalote 62
    Cima di Rapa (Bróculi) 63
    Col china.. 64
    Col de Milán 65
    Coles de Bruselas 66
    Coliflor... 67
    Escarola cabello de angel 68
    Escarola corneta... 69
    Espinaca.. 70
    Fresa.. 71
    Frijol enano verde 72
    Fríjol voluble verde 73
    Guindilla 74
    Guisante enano 75
    Guisante enrame.. 76
    Haba 77

Hinojo 78
Judía enana 79
Judía enrame 80
Kale hoja 81
Lechuga batavia 82
Lechuga romana 83
Melón 84
Nabo de mesa 85
Nabo sueco 86
Patata 87
Pepinillo 88
Pepino 89
Perejil 90
Pimiento 91
Puerro 92
Rabanilo 93
Raíz de achicoria 94
Raíz de achicoria 94
Remolacha de mesa 95
Repollo 96
Rúcula 97
Salsifis 98
Salsifis negro 99
Sandía 100
Tomate 101
Tupinambo 102
Zanahoria 103
Conclusión 104

Prefacio

Después de haber explicado cómo, porque y cuando la luna influye, toma este fecho como referencia para calcular con extrema precisión los días más favorables a la siembra de cada hortaliza. Los nuevos criterios de cultivo del huerto tienden a emanciparse de la necesidad de producir a toda costa: privilegian la autenticidad de la comida y la ciudadanía de los métodos adoptados en cada fase. Nace así el huerto biológico, que alcanza su punta más avanzada en el huerto sinérgico. En estas condiciones las plantas no son violadas en el crecimiento más por abonos, hormonas y pesticidas de varia naturaleza, a menudo usados macizamente y más allá de la real necesidad. Liberáis de los condicionamientos químicos, y confiáis de nuevo a las curas de tierra, sola, agua y aire, las únicas cosas de que tienen realmente necesidad, reengendra su sensibilidad a las influencias delicadas del entorno como a aquel, contrastada y desconocida, de las fases lunares. Ciertamente las caricias delicadas de la luna son frustradas cuando las plantas son sometidas a criterios industriales de explotación, pero retoman importancia en las condiciones naturales.

Este libro toma en consideración algunos datos científicos como el tiempo de brotadura y la temperatura necesaria, más de un puesto que viene allí de la tradición milenaria, aquel de la influencia lunar. De la sinergia de estas informaciones deriva el cálculo de los días más aptos a la siembra de cada hortaliza.

Flores de Salsifis preto

Parte antes. Los factores del cálculo

La temperatura de brotadura

La brotadura es un acontecimiento prodigioso de la naturaleza, gracias al que un germen de vida, que duerme en el corazón de la semilla, se despierta de repente y empieza a vivir. Se hincha, lacera el tegumento de la semilla e irrumpe con formidable energía en el entorno que lo circunda, se eleva hasta emerger del suelo y aquí, gracias a la luz, empieza su maravillosa aventura.

Para dejar la vía a este proceso la semilla tiene necesidad de dos elementos, la humedad y el calor. La humedad es asegurada por el suelo en que es puesto, el calor del entorno.

Una vez emergido, también necesitará de la luz; sucesivamente, gradualmente que la energía provista por la sustancia nutritiva de la semilla se agota, necesitará sustancias nutritivas, que absorberá del suelo.

Las semillas de las hortalizas no brotan en los sobres porque no tienen la humedad necesaria.

Quien sabe conservar las semillas, conoce otras dos condiciones para mantenerlos vitales sin germinar: la oscuridad y una temperatura baja deben ser tenidas a, mediamente aquel de una cochera o de un sótano, unos 10 °C.

Y' obvio que cuando, en cambio, se quiere que las semillas broten, tienen que ser puestos al estofado, y circundados por una temperatura que pueda estimular una correcta brotadura.

El lugar húmedo indispensable es la tierra, porque, después de la brotadura, el brote emite raíces que tienen que encontrar alimento en el entorno: este no puede ser otro que la tierra, en cuyo están presentes de modo natural los elementos químicos de que la planta se alimenta principalmente, es decir nitrógeno, fósforo y potasio, además de toda una serie de micro elementos cuál hierro, boro, azufre, manganeso, etcétera

La temperatura es aquel del entorno, y generalmente es una temperatura templada, por cuyo la mayor parte de las hortalizas se siembra en primavera. Existen, en cambio, también hortalizas que prefieren temperaturas más frescas. Más abajo agregado un tablero con la temperatura necesaria a cada hortaliza para que chasquidos en la semilla el muelle de la brotadura.

Efectivamente, por cada hortaliza existen dos temperaturas de referencia:

- **La temperatura mediana de crecimiento**, que representa la temperatura por debajo, o sobre, del que la planta para el crecimiento, o crece de modo disconforme, o muere. Esta temperatura representa una media entre la mínima nocturna y el principio diurno. Incluso siendo posibles amplias diferencias entre uno y otro, sin embargo nadie de las dos tiene que alcanzar niveles demasiado desequilibrados con respecto de la media. Por absurdo, una temperatura nocturna de 0 °C y una diurna de 40 ° C dan una media de 20, que sería buena para la mayor parte de las plantas; desaforadamente, estando demasiado desequilibrada, probablemente las vería vivir muy a duras penas o morir.

- **La temperatura de brotadura**, que es la que interesa este libro, y es una temperatura así llamada "de pico": es necesario que este nivel también sea alcanzado sólo por un número limitado de horas al día, para hacer sí que la brotadura ocurra. Quedan válidas las consideraciones ya raleas sobre la media, que debe ser balanceada.

Si las plantas son puestas en tierra y la temperatura de brotadura es muy disconforme de aquella solicitud, pueden haber retrasos también muy largos por el nacimiento de la planta, o bien puede ocurrir que no nace. También podrán averiguarse fenómenos de pre-floración, es decir podrá ocurrir, por las hortalizas a hoja, que las plantas hacen las semillas antes de producir las partes consumibles.

La temperatura de brotadura no tiene que ser la que nos percibimos en el aire sino la que percibe las semillas en el suelo, que es generalmente más baja. En las siembras a lo abierto se puede mejorar la temperatura del suelo devolviéndolo más negro. Este se consigue con la añadidura de compost, material plantilla o material biológico oscuro, como el polvo de café usado, sea con el mantillo (mulching) de los bancales de modo que el material de cobertura calientas el suelo de abajo.

Usted puede hacer mulching revistiendo los bancales de cultivo con paja, papel, serrín, o con los paños agrícolas localizables en los Garden Center. También existen tipos biodegradables.

Temperatura mínima de brotadura de las hortalizas	
Hortalizas	*Temperatura ° C*
Acelga	15
Achicoria	20-25
Achicoria roja, Radicchio	20-25
Ajo (dientes)1	20-25
Albahaca	20-25
Alcachofa	30
Apio	20-25
Espárrago	25-30
Batata	20
Berenjena	25-30
Bróculi	30
Cacahuete	25-30

Calabacín	25-30
Calabaza	25-30
Canónigos	15
Cardo	30
Cataluña achicoria	20-25
Cebolla fresca	25-30
Cebolla invierno	25-30
Cebolla verano	25-30
Chalote	20-25
Achicoria de corte	20-25
Cima di rapa(Bróculi)	25
Col china	25-30
Col de Milán	25-30
Coles de Bruselas	30
Coliflor	30
Escarola cabello de angel	20-25
Escarola corneta	20-25
Espinaca	15-20
Fresa	6
Frijol enano verde	30
Fríjol voluble verde	30
Guindilla	25-30
Guisante enano	5
Guisante enrame	5
Haba	25-30
Hinojo	20-25
Judía enana	30
Judía enrame	30
Kale hoja	30
Lechuga batavia	20-25
Lechuga romana	20-25
Melón	25-30
Nabo de mesa	25-30
Nabo sueco	25-30
Patata	25
Pepinillo	30
Pepino	30
Perejil	15-20

Pimiento	25-30
Puerro	25-30
Rabanilo	20-25
Raíz de achicoria	20-25
Remolacha de mesa	25-30
Repollo	25-30
Rúcula	15
Salsifís	20
Salsifís negro	20-25
Sandía	30
Tomate	20-25
Tupinambo, Alcachofa de Jerusalén	20-25
Zanahoria	25-30

El tiempo de emersión de las plántulas

Por comodidad y para una mayor comprensión, el tiempo necesario para emerger del suelo puede ser hecho coincidir con el tiempo de brotadura. Se expresa con un número que indica cuantos días son necesarios.

Hacen excepción algunas hortalizas que se hacen pre-brotar a la luz, como por ejemplo las patatas. Estas hortalizas se entierran cuando brotas ya han nacido. En este caso el tiempo necesario a emerger del suelo se tiene que sumar al tiempo de brotadura.

Cada género de hortaliza tiene tiempos diferentes, que pueden variar de 5 días como la lechuga, a 20-30 días como al perejil. El tiempo necesario a la brotadura es indispensable al cálculo del día preciso de siembra. He aquí bajo un tablero con el tiempo mediano por cada hortaliza.

Tiempo de brotadura (emersión) de las hortalizas	
Hortaliza	*Tiempo mediano en días*
Acelga	10
Achicoria	5
Achicoria roja, Radicchio	5
Ajo (dientes)l	12
Albahaca	13
Alcachofa	18
Apio	20
Espárrago	25
Batata	15
Berenjena	9
Brócuḷi	10
Cacahuete	9
Calabacín	10
Calabaza	10
Canónigos	20
Cardo	18
Cataluña achicoria	5
Cebolla fresca	5
Cebolla invierno	5
Cebolla verano	5
Chalote	12
Achicoria de corte	5
Cima di rapa (Bróculi)	9
Col china	10

Col de Milán	10
Coles de Bruselas	10
Coliflor	10
Escarola cabello de angel	9
Escarola corneta	9
Espinaca	12
Fresa	6
Frijol enano verde	5
Fríjol voluble verde	5
Guindilla	9
Guisante enano	7
Guisante enrame	7
Haba	5
Hinojo	18
Judía enana	5
Judía enrame	5
Kale hoja	10
Lechuga batavia	5
Lechuga romana	5
Melón	9
Nabo de mesa	7
Nabo sueco	10
Patata	20
Pepinillo	8
Pepino	8
Perejil	25
Pimiento	9
Puerro	5
Rabanilo	7
Raíz de achicoria	5
Remolacha de mesa	10
Repollo	10
Rúcula	7
Salsifis	18
Salsifis negro	18
Sandía	8
Tomate	8
Tupinambo, Alcachofa de Jerusalén	20
Zanahoria	20

La fase lunar

El primer calendario lunar conocido remonta a bien 20.000 años hace, cuando un antepasado nuestro trazó sobre un hueso de las señales que han sido identificados como la grabación de los movimientos de la luna en el cielo. Conduciendo estas encuestas elementales los hombres de Cro-Magnon notaron la periodicidad del fenómeno y estuvieron pronto capaz de prever con certeza las fases regulares de la luna.

El cultivo hecho sobre la base de las fases lunares quiere explotar de la mejor manera los efectos que la luna ejerce sobre los vegetales. Es innegable que efectos de la luna, también muy evidentes, se manifiesten sobre toda la tierra, y sobre los varios aspectos de la vida terrenal.

El ejemplo más evidente es aquel de las mareas, que logran desplazar masas enormes de agua permitiendo así el ciclo vital de muchísimo pequeños seres que, viven al límite del agua. Ellos llevan del cambio entre baja y pleamar sus ocasiones de alimentación, caza y dehesa, y a menudo también de defensa por la supervivencia.

El efecto marea no se averigua sólo en el agua marina, dónde se pone mensurable a causa de los grandes volúmenes. El mismo efecto también es ejercido sobre las pequeñas y pequeñísimas reservas de líquido; en este ciertamente no se puede medir y no se ve a simple vista, pero hay, aunque limitado a dimensiones microscópicas.

Este "efecto marea" tiene que manifestarse absolutamente también en las plantas. Es decir, las plantas y cada otro ser, animado o inanimado, en el que circula líquido, padecen los efectos de la luna.

En particular la savia, que es el elemento, la sangre, que asegura vida a la planta, puede "subir" o "bajar" a lo largo del fuste tal como el agua del mar; y por supuesto un aflujo de savia más o veloz y abundante, tiene un efecto que también puede ser violento sobre los órganos en los que corre: hojas, flores, frutos.

Otra característica de la luna que influye en la vegetación es su luz roja. Como conocido en el entorno científico, la atmósfera tiende a filtrar la luminosidad lunar parando muy a la miembro ultravioleta más que aquella infrarroja: de aquí el fenómeno bien conocido de la "luna roja." Ahora bien, esta miembro roja tiene el poder de penetrar en el suelo, estimula las semillas y produce una brotadura más sana y robusta.

Con cuál criterio se elige la luna menguante o aquel creciente

Se elige un determinado período porque se cree que la luna, en aquellos días, pueda tener un efecto que favorece el más posible y obstaculiza el menos posible el desarrollo de nuestras plantas, por una mejor producción.

La experiencia de milenios ha enseñado a discernir cuando la luna creciente o la luna menguante pueden dar ventaja a los cultivos. Existen muchos métodos aproximativos para elegir el período de siembra. Un método aconseja la luna menguante por las plantas que producen bajo el suelo, nabos, patatas y la luna creciente por las otras plantas.

El método ilustrado en este libro es preciso y se basa en criterios no azarosos. Se basa sobre la floración y sobre la consideración que, poniendo la semilla en tierra en luna creciente, éste recibe un empujón enérgico hacia el crecimiento, el desarrollo y una rápida floración, mientras que poniéndolo en luna menguante el empujón es más moderada.

A este punto tenemos que hacer alguna consideración sobre los vegetales. El objetivo final de la planta, el motivo porque existe, es multiplicarse, es decir engendrar las semillas y esparcirlos alrededor de si: ocurrido eso muere, porque ha agotado su tarea. (La mayor parte de las hortalizas completa el ciclo en un año. Pues la floración representa el momento en que la producción acaba, a menos que el producto no sea justo la flor o un derivado de la flor.

Aquí el horticultor experto sucede: él sabe que, por algunas plantas, es preferible que florezcan más pronto el posible, mientras por otras es preferible el contrario.

Sabiendo que la luna creciente acelera la floración, sembraremos en esta fase todas las hortalizas que queremos hacer florecer más pronto el posible. Éste son por ejemplo los tomates, calabacín, judías y otros. Todo este, primera florecen y primera maduran los frutos.

Al contrario, hay hortalizas que con la floración acaban su ciclo productivo: por ejemplo la lechuga, la achicoria, el acelga y todas las hortalizas de hoja generalmente. La lechuga ya florida cada horticultor no es comestible sabe cuánto sea antipática la producción de semillas adelantada ensaladas. Entonces estas hortalizas, que queremos hacer florecer más tarde el posible, no los sembraremos ciertamente en luna creciente, sino en luna menguante.

Este para moderar su ciclo vital y retardar la floración; de este modo recogeremos y consumiremos más detenidamente tenerles hojas.

Con algunas excepciones y variantes, éstas son las bases sobre que se determina la fase lunar mejor para efectuar la siembra para cada tipo de hortaliza. Una de las variantes hace referencia a los cultivos de recoger con antelación. En estos casos no interesa mucho de tener una producción prolongada, cuánto de tener a uno de ello el más anticipado posible.

A este objetivo también las hortalizas por las que la teoría sugeriría la siembra en luna menguante deben ser sembradas en luna creciente. Así, por ejemplo, la lechuga de corte, que viene indudablemente colección antes de la floración, y que debería ser sembrada como en luna menguante todas las lechugas, se siembra preferiblemente en luna creciente por dos motivos: lo primero es que en todo caso es recogida primera que pueda florecer, el segundo es que en luna creciente las hojas son tener más y jugosas.

Estas excepciones, no ilustran a menudo claramente, pueden tener como efecto indicaciones contrastantes de parte de autores diferentes.

Fase lunar más apta	
Hortaliza	Fase de la luna
Acelga	Luna menguante
Achicoria	Luna menguante
Achicoria roja, Radicchio	Luna menguante
Ajo (dientes)l	Luna menguante
Albahaca	Luna menguante
Alcachofa	Luna creciente
Apio	Luna menguante
Espárrago	Indiferente
Batata	Luna creciente
Berenjena	Luna creciente
Bróculi	Luna creciente
Cacahuete	Luna menguante
Calabacín	Luna creciente
Calabaza	Luna creciente
Canónigos	Luna menguante
Cardo	Luna creciente
Cataluña achicoria	Luna menguante
Cebolla fresca	Luna menguante
Cebolla invierno	Luna menguante
Cebolla verano	Luna menguante
Chalote	Luna menguante
Cima di rapa(Bróculi)	Luna menguante
Col china	Luna menguante
Col de Milán	Luna menguante
Coles de Bruselas	Luna creciente

Coliflor	Luna creciente
Escarola cabello de angel	Luna menguante
Escarola corneta	Luna menguante
Espinaca	Luna menguante
Fresa	Luna creciente
Frijol enano verde	Luna creciente
Fríjol voluble verde	Luna creciente
Guindilla	Luna creciente
Guisante enano	Luna creciente
Guisante enrame	Luna creciente
Haba	Luna creciente
Hinojo	Luna menguante
Judía enana	Luna creciente
Judía enrame	Luna creciente
Kale hoja	Luna menguante
Lechuga batavia	Luna menguante
Lechuga romana	Luna menguante
Melón	Luna creciente
Nabo de mesa	Luna menguante
Nabo sueco	Luna menguante
Patata	Luna menguante
Pepinillo	Luna creciente
Pepino	Luna creciente
Perejil	Indiferente
Pimiento	Luna creciente
Puerro	Luna menguante
Rabanilo	Luna creciente
Raíz de achicoria	Luna menguante
Remolacha de mesa	Luna menguante
Repollo	Luna menguante
Rúcula	Luna creciente
Salsifis	Luna menguante
Salsifis negro	Luna menguante
Sandía	Luna creciente
Tomate	Luna creciente
Tupinambo, Alcachofa de Jerusalén	Luna menguante
Zanahoria	Luna creciente

Glosario lunar

He aquí una pequeña colección de términos relativos a nuestro satélite.

CALENDARIO LUNAR. Grabación de las fases lunares correlacionada a nuestro calendario. El correr calendario lunar, cuyo mes dura unos 29 días no corresponde al correr nuestro calendario que tiene meses de la duración de 28 a 31 días. Éste hace sí que cada mes y año las fases lunares caigan en fechas diferentes.

CUERNOS DE LA HOZ DE LUNA. Siempre son dirigidas en dirección opuesta a aquel del sol, por cuyo indica de ello la dirección cuando no es visible.

DENOMINACIÓN DE LAS LUNAS. Usted podría llamar, por ejemplo, "Luna de febrero" también la que desarrolla eventualmente predominantemente sus fases en marzo: en efecto el nombre es atribuido con el nombre del mes en que se tiene la luna llena. Así que si el 5 de junio se tiene la luna llena, esta luna se llamará "Luna de junio" aunque casi se desarrolla todo en mayo.

DIRECCIÓN EN QUE APARECE LA LUNA. La luna se pone visible al ocaso, sobre el horizonte, en direcciones diferentes según la fase. La primera hoz de luna se ve a oeste, el primer TRIMESTRE a sur, la luna llena a este y el último TRIMESTRE a Norte.

ECLIPSE LUNAR. Se tiene un eclipse cuando la Tierra se pone entre el Sol y la Luna que viene a encontrarse en el cono de sombra de la tierra, por lo tanto no recibe luz solar que reflejar. Puede ser total o parcial.

FASES LUNARES. Las fases lunares son debidas a la sombra que la Tierra, viniendo a encontrar entre el Sol y la Luna, proyecta sobre esta última. Así que la visibilidad total o parcial depende de la posición de la Tierra con respecto al Sol y la Luna.

LEVANTE. Dirección en que el sol surge, más o menos ESTE.

LUZ CINÉREA. Y' la luz solar reflejada por la tierra sobre la luna, que devuelve a veces visible de modo casi imperceptible aquella parte de luna que debería ser oscurecida.

LUZ LUNAR. Se trata efectivamente de luz solar refleja. El suelo lunar absorbe acerca del 90% de la luz solar que recibe, la parte restante vien reflejado en el espacio y también captada por la tierra. Atravesando nuestra atmósfera la luz lunar padece un fenómeno de difusión con base en el que algunos colores del espectro, aquellos altos, en el ultravioleta, son dispersados mucho más de los en lo infrarrojo. De aquí la miembro sumamente roja de la luz lunar. Esta miembro tiene la propiedad de también atravesar las nubes y logra penetrar por algunos centímetros en el suelo, ejerciendo una acción estimulante sobre las semillas.

LUNA. Astro celeste, satélite de la tierra. La luna le gira sobre él mismo y alrededor de la Tierra, mientras que este a su vez gira alrededor del sol. Estas rotaciones determinan el fenómeno de las fases lunares, por cuyo la luna no es siempre completamente visible de la tierra.

LUNA MENGUANTE. Fase siguiente a la luna llena, en cuyo el disco empieza a oscurecerse hacia poniente, por lo tanto la joroba es dirigida a levante.

LUNA CRECIENTE. Inicia con una sutil hoz luminosa, con la joroba vuelve a poniente.

LUNA DURA. Y' así la luna creciente porque favorece la rápida monta a semilla y al desarrollo de tallos florale que endurecen los prados de herbáceas.

LUNA NUEVA. El momento en que la Luna no es visible.

LUNA LLENA. Fase de luna creciente, en cuyo se ve todo el disco lunar iluminado.

LUNA TIERNA. Y' así la luna menguante porque favorece el desarrollo de herbáceas que se mantienen a largo frescas y verdes.

ALMANAQUE. Los almanaques son documentos (calendarios) almanaques, etcétera, en los que se remontan los movimientos de la luna y las fases principales, juntamente a los eclipses y a otras informaciones. Fueron muy difusos para la venta en las ferias de país.

MES LUNAR. Y' el tiempo que transcurre entre dos Lunas nuevas o Lunas llenas. Y' igual a 29 días, 12 horas, 44 minutos, 3 segundos y 78 centésimos. Éste significa que las fases lunares no se coordinan con las fechas del calendario, pero varían, por cuyo en algunos meses se registran 4 fases lunares lo principal, en otros cinco y a veces en algún mes tres solamente.

MES SIDERAL. Y' el tiempo que la Luna emplea para encontrarse en la misma posición sobre la vez celeste: tiene una duración de 27 días, 7 horas, 43 minutos, 11 segundos y 47 centésimos. No coincide con el Mes lunar.

MOVIMIENTO DE REVOLUCIÓN. Trayecto elíptico de la rotación de la luna alrededor de la tierra; combinado con el movimiento de rotación produce el efecto que la luna la misma siempre enseña haga a la tierra.

MOVIMIENTO DE ROTACIÓN. Movimiento con base en el que la luna le gira sobre él mismo; combinado con el movimiento de revolución produce el efecto que la luna la misma siempre enseña haga a la tierra.

NUDOS. En cumplir la vuelta alrededor de la tierra la luna cruza la órbita de nuestro planeta. Estas intersecciones se llaman nudos, y pueden averiguarse esté en fase ascendente que descendente, a segunda que la luna atraviesa l' eclíptico en la dirección sur-Norte o bien Norte-sur.

ÓRBITA DE LA LUNA. La luna gira alrededor de la tierra a una distancia mediana de 384.000 km, recorriendo una órbita elíptica. El punto de mayor vecindad de los dos astros es dicho "perigeo" y su valor es de poco superior a los 356.000 km, mientras que el punto de mayor lejanía máxima se dice "apogeo" y es igual a acerca de 407.000 km.

HUERTO BIODINAMICO. La agricultura biodinámica es un método de cultivo se basado en una visión espiritual del mundo elaborada por Rudolf Steiner. Dos principios típicos de la teoría biodinámica de Steiner tienen a que ver con el compostaje y con las fases lunares.

HUERTO SINÉRGICO. L' huerto Sinérgico es un método desarrollado por el agricultor español Emilia Hazelip, que ha experimentado un cultivo basado sobre el coche fertilidad del suelo, para evitar por lo tanto el recurso a prácticas cuál el arado y el abono.

PONIENTE. Dirección del ocaso del sol, más o menos el oeste.

PREVISIONES DEL TIEMPO EN BASE A. LA LUNA. Según algunas creencias la observación de la luna permite prever el tiempo. En particular:
 - si el disco lunar es blanco cándido, el tiempo será bonito;
 - si el disco tiene matices rojizos, habrá viento;
 - cuernos de la hoz con contornos imprecisos: malo tiempo;
 - disco pálido con halo pintado cercano: tiempo bonito;
 - con halo pintado lejano: malo tiempo;

PRIMER TRIMESTRE. Fase de la luna creciente, acerca de al séptimo día, en cuyo la parte visible es una media luna, con la joroba vuelve a poniente.

SOLEMNIDAD DE LAS FASES LUNARES. Por la discordancia entre el calendario civil aquel lunar las fases lunares caen cada mes y año en grupos diferentes; el ciclo se repite cada 19 años acerca de.

ÚLTIMO TRIMESTRE. Fase de la luna menguante, acerca de siete días después de la luna llena, en cuyo es visible sólo media luna con la joroba vuelve a levante.

Pre-germinación

La pre-brotadura es una técnica con base en la que se tiende a acelerar la emersión de la plántula. Con este método, además de una mayor velocidad de emersión, se tiende a subvenir a muchos inconvenientes consiguientes de la confianza directa de la semilla "seca" a la tierra.

La pre-brotadura de las hortalizas se puede conseguir principalmente en dos modos. Lo primero se aplica a los tubérculos y los bulbos como a las patatas y el ajo, y consiste en el exponer a la luz los bulbos, los tubérculos o los gajos. La duración de esta exposición varía notablemente según la temperatura y de la cantidad de luz, pero el proceso es visualmente controlable: se acaba la pre-brotadura, y se meten en tierra, cuando han emitido gemas bien visibles pero echa el ancla no muy larga, bastan pocos milímetros.

El segundo método de pre-brotadura se basa en el líquido y consiste en el sumergir las semillas, algunas horas antes de sembrar en el suelo, en agua tibia. Algunos usan la manzanilla al sitio del agua, en cuánto garantizaría una brotadura más homogénea.

Esta pre-brotadura se prolonga por algunas horas, vez bajo el tablero, sin que sea necesario mantener el líquido tibio por toda la duración. Es suficiente el calor inicial para favorecer una vez sola el pico de temperatura necesaria a encaminar el proceso.

Con la inmersión en agua la difusión de la humedad es regular, en cambio cuando se siembra directamente en tierra este no ocurre a menudo. Además, se puede averiguar la vitalidad de las semillas.

Con la inmersión en agua la difusión de la humedad es regular, en cambio cuando se siembra directamente en tierra este no ocurre a menudo. Además, se puede averiguar la vitalidad de las semillas. Las semillas vivos, adecuado para la siembra, van en la parte inferior del agua después de unas pocas horas. En contraste, las semillas estériles se mantienen a flote, y pueden ser descartados

La pre-germinación puede presentar algunas dificultades con las semillas muy pequeñas como aquellos de achicoria, lechuga, zanahoria, perejil y apio. Después de los haberes extraídos del agua él pueden dejar secar alguna hora tendiéndolos sobre papel de cocina, antes de manipularlos por la siembra.

La pre-germinación es prácticamente indispensable con las semillas que tienen una brotadura muy larga como las zanahorias, los hinojos, el perejil, el apio y los canónigos.

Momento de la pre-germinación de semillas		
Hortaliza	Método	Tiempo, en horas
Acelga	Manzanilla	48
Achicoria	Manzanilla	6
Achicoria roja, Radicchio	Manzanilla	6
Ajo (dientes)l	Exposición a la luz del sol	Suficiente
Albahaca	Manzanilla	48
Alcachofa	Manzanilla	72
Apio	Manzanilla	72
Espárrago	Manzanilla	72
Batata	Exposición a la luz del sol	Suficiente
Berenjena	Manzanilla	36
Bróculi	Manzanilla	36
Cacahuete	Manzanilla	36
Calabacín	Manzanilla	18
Calabaza	Manzanilla	18
Canónigos	Manzanilla	72
Cardo	Manzanilla	72
Cataluña achicoria	Manzanilla	6
Cebolla fresca	Manzanilla	12
Cebolla invierno	Manzanilla	12
Cebolla verano	Manzanilla	12
Chalote	Exposición a la luz del sol	Suficiente
Achicoria de corte	Manzanilla	6
Cima di rapa(Bróculi)	Manzanilla	18
Col china	Manzanilla	36
Col de Milán	Manzanilla	36
Coles de Bruselas	Manzanilla	36
Coliflor	Manzanilla	36
Lechuga batavia	Manzanilla	12
Escarola cabello de angel	Manzanilla	24

Escarola corneta	Manzanilla	24
Espinaca	Manzanilla	36
Fresa	Manzanilla	6
Frijol enano verde	Manzanilla	24
Fríjol voluble verde	Manzanilla	24
Guindilla	Manzanilla	36
Guisante enano	Manzanilla	24
Guisante enrame	Manzanilla	24
Haba	Manzanilla	24
Hinojo	Manzanilla	72
Judía enana	Manzanilla	24
Judía enrame	Manzanilla	24
Kale hoja	Manzanilla	36
Lechuga romana	Manzanilla	12
Melón	Manzanilla	24
Nabo de mesa	Manzanilla	12
Nabo sueco	Manzanilla	36
Patata	Exposición a la luz del sol	Suficiente
Pepinillo	Manzanilla	18
Pepino	Manzanilla	18
Perejil	Manzanilla	72
Pimiento	Manzanilla	36
Puerro	Manzanilla	12
Rabanilo	Manzanilla	12
Raíz de achicoria	Manzanilla	6
Remolacha de mesa	Manzanilla	18
Repollo	Manzanilla	36
Rúcula	Manzanilla	12
Salsifis	Manzanilla	48
Salsifis negro	Manzanilla	48
Sandía	Manzanilla	36
Tomate	Manzanilla	36
Tupinambo, Alcachofa de Jerusalén	Exposición a la luz del sol	Suficiente
Zanahoria	Manzanilla	72

Modalidad de siembra

Existen métodos de siembra diferente, que representan formas que mejoran con respecto de la práctica arcaica de confiar directamente la semilla al suelo del campo. Eso no saca que por algunas hortalizas éste sea todavía hoy un método aceptable: es el caso de las judías.

Para la mayor parte de las hortalizas, también en los cultivos industriales, se ha puesto predominante la siembra preventiva en adecuados viveros, de los que se retiran los planos ya crecidos por trasplantar en campo.

Con el tiempo ha venido también pego la práctica preparar los planos esparciendo todo junto la semilla sobre un bancal o en una tarrina, retirando luego los individuales planos extirpándolas de la tierra.

Esta práctica, dicha del trasplante a raíz desnuda, siempre ha tenido un porcentaje de fracasos muy elevados, en el sentido que un porcentaje abundante de los planos no sobrevivió al estrés del trasplante. Sin embargo, eso fue soportable cuando las semillas costaron pocas, y él pudo reemplazar los planos muertos sin grandes gastos.

Hoy, cada horticultor sabe que las semillas tienen un coste elevado, especialmente cuándo se trata de variedades selectas, resistentes o híbridas. No es raro adquirir sobres continentes 10-15 semillas.

Éste significa que cada semilla es preciosa y no es posible desperdiciarlos.

Los dos métodos principales para no desperdiciar semilla son:
- No siembres directamente en tierra;
- Sembrar singularmente cada semilla en un pequeño contenedor.

En el segundo caso también se evita el estrés de por trasplante, porque el plano es trasladado a campo extrayéndola con todo el terrón de tierra y raíces del contenedor. Este trasplante es dicho "con terrón de tierra".

Cultivo de plántulas en contenedores individuales.

Se trata de pequeños contenedores, generalmente de plástico, llenado con mantillo de siembra, en los que son cultivadas las plántulas, uno por cada contenedor. La ventaja es representada por el hecho que cada plántula crece solo en un entorno circunscrito, en el que desarrolla un buen aparato radical gracias también a la calidad del mantillo usado. En el momento del trasplante la plántula es extraída por el contenedor con toda la tierra, finca junta del aparato radical, y se traslada a morada sin que las raíces padezcan daños.

No hay prácticamente trauma de trasplante, si no en medida muy limitada. El porcentaje de éxito en este tipo de trasplantes es igual al 95-100%.

Se pueden encontrar en comercio de los contenedores en plástica negra, agrupados por 6 o por10.

Es mucho más fácil y económico reciclar contenedores consiguientes de la adquisición de plántulas cerca de los Garden Center, o utilizar como otros contenedores por ejemplo los vasos de plástico para el café. Cualquier contenedor se elija de usar, es importante que tenga un agujero sobre el fondo del diámetro de 0,6 cm para facilitarlo escurro agua de riego, de otro modo las plántulas morirán entre mohos y musgos.

Extraer las plántulas

El día anterior no regado, de modo que la tierra secándose adhiera menos a los bordos. Para extraer las plántulas agarrados con dos dedos el pie, el punto en cuyo el fuste entra en el suelo, y tirar ligeramente sin forzar.

Cuando las plántulas crecen un poco más del previsto es posible que las raíces hagan fuerza sobre los bordos del contenedor, impidiendo la salida del terrón de tierra intacta. En tal caso, ayudándonos con una pajita o una pluma bolígrafo, empujáis del agujero inferior del contenedor y al mismo tiempo tiradas ligeramente de lo alto. En casos extremas cortes el contenedor.

Los disquetes de turba

Los disquetes de turba prensada, o en coco prensado, son grandes pastillas altas unos 0,5 cm y con un diámetro de 4 a 6 cm. La turba es apretada dentro de una media refina. Sobre la parte superior del disquete hay la huella de un agujero que tendrá que acoger la semilla.

Sumergiendo los disquetes en agua, en pocos segundos crecen en altura hasta 5 cm acerca de, manteniendo inalterada el ancho. En el pequeño agujero situado en la parte superior, que debe ser profundizado probablemente, se instalan las semillas, de revestir con mantillo fino. La plántula encuentra de la turba, que ha sido sumada de fertilizantes, todo el nutrimento de que necesita. Al momento del trasplante se puede poner a morada todo el disquete, tal como es, evitando de este modo la necesidad de sacar la plántula del contenedor.

Por cuántos los disquetes de turba sean caros, o de coco, presenta la gran ventaja de poder ser puestos a morada sin someter la plántula a ninguna manipulación. La media que envuelve el pequeño cilindro de tierra es penetrada sin dificultad por las raíces, y es biodegradable aunque no en tiempos veloces: también puede quedar en el suelo un par de años.

Los contenedores o potes de turba son hechos con el mismo material de los disquetes, pero soy ligeramente más económicos. Se trata de pequeñas macetas de turba prensada, de formas redondas o cuadradas, individuales o agrupadas a 6-10 por comodidad de manipulación.

Estoy capaz de resistir por dos o tres meses a los apremios consiguientes del cultivo de la plántula, en particular a la humedad, pero son permeables a las raíces.

Cuando la plántula está listo pueden ser puestos directamente en el suelo, dónde completan rápidamente su descomposición.

También en este caso la gran ventaja es que la plántula puede ser puesta a morada sin padecer a ninguna manipulación.

¿Cuál elegir contenedores?

Del punto de vista de quien tiene que hacerlos trasplantas utilizando plántula s adquiridos, la solución mejor es aquel de los disquetes o contenedores de turba prensada porque el trasplante se convierte en una operación segura y veloz. Desaforadamente, bien difícilmente encontraréis en comercio plántula s labrados sobre estos soportes, a causa de sus costes.

Encontraréis en cambio prácticamente siempre plántula s labrados en contenedores alveolares de plástico o poliestireno. En algún baratillo todavía podríais encontrar ramilletes de plántula s a raíz desnuda. Alguna década hace se usó sólo este método. Hoy todavía se encuentran a la venta, a ramilletes, las cebollas y los hinojos y algún otro tipo de hortaliza. Si compráis plántula s a ramilletes ponéis en cuenta de perder de ello cierto número por estrés de trasplante. No compráis ramilletes de plántula s de ensaladas, perderíais de ello la mitad.

El clareo de las plántulas

Cuando se cuenta con un número elevado de semillas, de valor elevado, es posible poner de ello más que uno en el individual contenedor. Éste va indudablemente hecho con las semillas muy finas. Cuando las plántulas emergidas sean altos 3-4 cm usted tendrá que quitar las más pequeñas dejando solo el mejor. Es en todo caso indispensable dejar un solo plántula por pote: si dos plántulas son demasiado vecinas, nadie de las dos crece regularmente y eso ocurre especialmente en campo, dónde dos plantas demasiado vecinas no producen lo que produciría solo a uno.

He aquí algunos métodos de siembra.

Método1. Semillas muy pequeñas.

Llenáis los potes de tierra y prensadas ligeramente, utilizando la parte inferior de un pote parecido, usadas un pote como a quererlo enhebrar en el otro. Con un rociador fino humedecéis la superficie, que tiene que ser lisa y uniforme. Dejadnos caer 4 o 5 semillas. Utilizando un tamiz o un utensilio parecido quitados el polvo mantillo muy fino de modo que llegadas en cuanto a cubrir la semilla, 1 o 2 mm. Prensadas y regáis de nuevo con el rociador, que tiene que ser refino de modo que no desplazar el mantillo.

Método2. Semillas manejables singularmente con facilidad

Después de haber apretado y regado con un rociador fino el mantillo en el pote, practicadas con una pajita un agujero central ancho y profundo de modo que poder acoger la semilla. Si del caso, practicadas hasta cuatro agujeros por cuatro semillas, quedando entendido que después del nacimiento dejaréis solo la plántula más bonito. Disponéis las semillas en los agujeros y desempolvaduras con del mantillo fino: prensadas y regáis de nuevo.

Método3. Semillas de calabaza u otra cucurbitácea

Procedéis como por el método 2, pero recordáis que las semillas deben ser enterradas en el justo verso. La parte más puntiaguda es aquel de que brotará la raíz y por lo tanto debe ser enterrada hacia abajo revuelta. A lo máximo, en el caso de los pepinos, como las semillas son muy pequeñas pueden ser colocados en el lado plano.

Método4. Las habas

También las habas tienen un hacía de siembra y deben ser colocadas de pie. Para arriba va la parte lisa, en bajo aquél donde está presente la herida de la separación de la vaina. En alternativa, colocado en el lado plano. Las habas se pueden sembrar directamente en tierra, en adecuados surcos profundos 6-7 cm.

Método5. Los guisantes y las judías

Los guisantes y las judías pueden ser sembrados en contenedores, 3 semillas por pote, sin luego aclarar, o bien directamente en tierra. Practicadas de los surcos profundos unos 5 cm.

Los guisantes son muy sensibles a la asfixia, especialmente si el suelo es arcilloso. En este caso, antes de colocar las semillas esparcís del compost o mantillo de jardín. Cubrir el surco y prensadas ligeramente.

Método6. Patatas y otros tubérculos

Hacéis pre-brote los tubérculos exponiéndolos a la luz, hasta conseguir gemas largas no más de un par de centímetros. Si los tubérculos son grandes, te los cortas en partos en caso de que esté presente al menos una gema: en este caso, antes de enterrarlos te los dejas al aire un par de días para hacer secar el corte.

Organizar en surcos a una profundidad de unos 10 cm, tapa y se presiona muy ligeramente sobre la tierra.

Método7. Ajo. Bulbos de hortalizas.

Hacéis pre-brote los gajos a la luz, y los ponéis directamente en campo, de modo que la punta sea enterrada unos 3 cm. En alternativa, ponedlos con la punta en cuanto saliente del suelo.

Método8. Ensaladas de corte.

La ensalada de corte y algunas pequeñas hortalizas a crecimiento rápido como a los rábanos, se siembra ampliando la semilla sobre la tierra. Creáis a lo sumo un bancal ancho 100 cm y larga a gustar. Explanadas muy esmeradamente, golpeando el suelo, y creáis alrededor un pequeño bordo todo. Éste servirá a conseguir una nivelación perfecta: llenáis el bancal con agua, que será retenida por el bordo, y tendrá que secarse uniformemente sobre toda la superficie. Eventuales pequeños charcos indican la presencia de partos más bajos. Añadiendo terrenal y repitiendo alcances el bancal a un plan perfecto. Sobre éste esparcís uniformemente las semillas. Si son demasiado fines te mezclas ellos a arena, de modo que sea más fácil esparcirlos. Cubrís todo quitando el polvo con un tamiz arena refina, prensadas golpeando con una mesa o con una baldosa y regáis con un atomizador de modo que el agua no mueva la tierra. Si el bancal es expuesto al sol la tenéis manta en las horas más calientes hasta que las plántulas no serán altas al menos 1 cm.

Método de siembra			
Hortaliza	*Método*	*Contenedor diámetro, cm*	*Método alternativa*
Acelga	2	4	
Achicoria	1	3	
Achicoria roja, Radicchio	1	3	
Ajo (dientes)l	7	4	En el campo
Albahaca	2	5-10	
Alcachofa	2	4	En el campo
Apio	1	3	
Espárrago	2		En el campo
Batata	6		En el campo
Berenjena	2	4	
Bróculi	2	3	
Cacahuete	5	4	En el campo
Calabacín	3	4	
Calabaza	3	5	
Canónigos	8		En el campo
Cardo	2	5	
Cataluña achicoria	1	1	
Cebolla fresca	2	4	
Cebolla invierno	2	3	

Cebolla verano	2	3	
Chalote	7	6	En el campo
Achicoria de corte	8		En el campo
Cima di rapa(Bróculi)	2	3	
Col china	2	3	
Col de Milán	2	3	
Coles de Bruselas	2	3	
Coliflor	2	3	
Lechuga batavia	1	3	
Escarola cabello de angel	1	3	
Escarola corneta	1	3	
Espinaca	2	3	
Fresa	1	3	
Frijol enano verde	5	4	En el campo
Fríjol voluble verde	5	4	En el campo
Guindilla	2	4	
Guisante enano	5	4	En el campo
Guisante enrame	5	4	En el campo
Haba	4	4	En el campo
Hinojo	1	3	
Judía enana	5	4	En el campo
Judía enrame	5	4	En el campo
Kale hoja	2	3	
Lechuga romana	1	3	
Melón	3	4	
Nabo de mesa	2	3	
Nabo sueco	2	3	
Patata	6		En el campo
Pepinillo	3	4	
Pepino	3	4	
Perejil	1	4	
Pimiento	2	4	
Puerro	2	3	
Rabanilo	8		En el campo
Raíz de achicoria	1	1	
Remolacha de mesa	2	4	
Repollo	2	3	
Rúcula	2	3	
Salsifis	2	3	
Salsifis negro	2	3	

Sandía	3	4	
Tomate	2	4	
Tupinambo, Alcachofa de Jerusalén	6		En el campo
Zanahoria	1	3	

Otros fechas sobre las siembras

Este tablero contiene otros datos interesantes relativos a la siembra de las hortalizas. Adquiriendo los sobres de semillas tenéis en cuenta el plazo, que debe ser reconducida sobre la confección, aunque a menudo es algo visible. En todo caso en la columna central podéis ver cuánto años dura la semilla, conservando la capacidad de germinar al 90% acerca de. Eso significa que, dentro del número de años indicado, el 90% de las semillas brotarán: este porcentaje se reduce exponencialmente mientras que la semilla envejece. Semillas más viejas del período indicado todavía podrán brotar, pero en porcentaje muy inferior.

En la tercera columna encontrada la indicación de la profundidad de siembra por cada hortaliza.

Otros fechas sobre las siembras			
Hortaliza	Semillas por gramo (número)	Duración germinación de las semillas (años)	Profundidad de siembra (cm)
Acelga	60	3-4	1
Achicoria	700	2-4	0,4-0,8
Achicoria roja, Radicchio	700	2-4	0,4-0,8
Ajo (dientes)l		2-3	4
Albahaca	700	2-3	0,1-0,3
Alcachofa	25	2-3	0,5-1
Apio	2500	3-5	0,1-0,3
Espárrago	40	2-3	3-4
Batata		1	
Berenjena	250	2-3	0,4-0,8
Bróculi	350	4-5	0,2-0,4
Cacahuete	10	2-3	5
Calabacín	4-8	5	2-3
Calabaza	3-4	6	3
Canónigos	1000	2	0,5

Cardo	25	2-3	1
Cataluña achicoria	700	2-4	0,4-0,8
Cebolla fresca	400	2	0,4-0,8
Cebolla invierno	400	2	0,4-0,8
Cebolla verano	400	2	0,4-0,8
Chalote		2-3	4
Achicoria de corte	700	2-4	0,4-0,8
Cima di rapa(Bróculi)	400	4-5	0,2-0,4
Col china	400	4-5	0,2-0,4
Col de Milán	350	4-5	0,2-0,4
Coles de Bruselas	400	4-5	0,2-0,4
Coliflor	450	4-5	0,2-0,4
Escarola cabello de angel	700	3-4	0,1-0,3
Escarola corneta	700	3-4	0,1-0,3
Espinaca	100	2-4	1
Fresa	700	3-4	0,4-0,6
Frijol enano verde	100 gr = 150	2-3	5
Fríjol voluble verde	100 gr = 150	2-3	5
Guindilla	150	2-3	0,4-0,8
Guisante enano	3	2-3	3-4
Guisante enrame	3	2-3	3-4
Haba	100 gr = 50	2-3	6
Hinojo	250	2	0,4-0,6
Judía enana	100 gr = 150	2-3	5
Judía enrame	100 gr = 150	2-3	5
Kale hoja	300	4-5	0,2-0,4
Lechuga batavia	900	2-3	0,3-0,7
Lechuga romana	900	2-3	0,3-0,7
Melón	35	5-6	3-4
Nabo de mesa	450	6	0,3-0,5
Nabo sueco	350	4-5	0,2-0,4
Patata		1	10
Pepinillo	45	4-6	1,5

Pepino	45	4-6	1.5
Perejil	700	2-3	0,1-0,3
Pimiento	150	2-3	0,4-0,8
Puerro	500	2	0,4-0,8
Rabanilo	130	4-5	0,2-0,3
Raíz de achicoria	700	2-4	0,4-0,8
Remolacha de mesa	60	3-4	1-2
Repollo	500	4-5	0,2-0,4
Rúcula	500	4-5	0,2-0,4
Salsifis	100	2	1-1,5
Salsifis negro	100	1	1-1,5
Sandía	10-12	3-4	3-4
Tomate	350	4	0,4-0,8
Tupinambo, Alcachofa de Jerusalén		1	10
Zanahoria	900	3-4	0,1-0,3

Parte segunda. Las fichas de las hortalizas

La ficha de cada hortaliza resume algunas informaciones útiles al cultivo.

Primera sección, para arriba,

En la primera sección, además de la figura de la hortaliza, es reconducido el calendario de las siembras estacionales. Este calendario es compuesto por tres rayas.
En la raya S es reconducido los períodos en que la siembra es posible en invernadero caliente.
En la raya P es reconducido los períodos en que la siembra es posible en entorno protegido, invernadero frío o túnel, o también en un porche luminoso.
En la raya T es reconducido o períodos en que la siembra es directamente posible en tierra, o en campo, es decir a lo abierto.
En un huerto biológico sería preferible sólo practicar las siembras de la raya T, pero hace falta tener presente una particularidad de los climas templados. Muchas hortalizas son de origen tropical, por lo tanto necesitan temperaturas calientes para poder crecer.
Además, su ciclo productivo es muy largo, y a menudo se extiende hasta 6-9 meses.
Desaforadamente, el clima templado no ofrece una ventana tan amplia de temperaturas favorables, si no en las zonas costeras y sobre las islas.
De aquí la necesidad de cultivar preventivamente las plántulas en entorno protegido. En la continuación se establecen en campo no en cuanto la temperatura lo permite.

Sección central

En la sección central soy reconducido algunos datos usados en el cálculo, entre cuyo la fase lunar apta.

Sección en bajo. Días preferidos por la siembra

En la tercera sección, en bajo, es reconducido un tablero organizado en días a escalar.
Se considera el apartado CERO, a la extrema derecha, igual a la cumbre de la fase lunar apta, por lo tanto;
  -LUNA LLENA por las hortalizas que se siembran una luna creciente.
  -LUNA NUEVA por las hortalizas que se siembran en luna menguante.
Los apartados a la izquierda del apartado cero representan los días que preceden: -1 significa antes un día, -2 significa antes dos días, etc... En este período, la carta **X mayúscula** representa el día favorable central, **las equis minúsculos** otros días hábiles.
Si se ha realizado la pre-germinación, consideradas un retraso en la

siembra como indicada. Si la temperatura es moderadamente incierta o inestable, consideradas una antelación de siembra igual al número de días indicada.

Modalidad de siembra.
Ves los métodos ilustrados en el Capítulo "Modalidad de siembra"
"

Acelga

Acelga

Períodos naturales de siembra (resaltados en negro)

S = la siembra en el cálido invernadero. P = Siembra en un ambiente protegido. T = la siembra en el campo.

	Ene	Feb	Mar	Abr	May	Jun	Jul	Ago	Sep	Oct	Nov	Dic
S	■	■	■									
P		■	■									
T			■	■	■	■	■	■	■			

Temperatura de germinación (°C) **15**
Tiempo de aparición (días) **10**
Fase de la Luna prefiere: Menguante, (que se mueve hacia una nueva luna)
Día apropiado para la siembra con referencia a la fase lunar.

En la siguiente tabla, el cuadro de la derecha marcada ZERO representa la culminación de la primera fase (luna nueva o luna llena) las cajas a la izquierda indican los días que preceden.

-15	-14	-13	-12	-11	-10	-9	-8	-7	-6	-5	-4	-3	-2	-1	0
				x	X	x									

Con pre germinación: posponer 2 días.
Temperatura incierta o inestable: anticipar 2 día
Métodos de siembra: Método 2

Achicoria

Achicoria

Períodos naturales de siembra (resaltados en negro)
S = la siembra en el cálido invernadero. P = Siembra en un ambiente protegido. T = la siembra en el campo.

	Ene	Feb	Mar	Abr	May	Jun	Jul	Ago	Sep	Oct	Nov	Dic
S												
P		■	■									
T			■	■	■	■	■	■	■			

Temperatura de germinación (°C) **20-25**
Tiempo de aparición (días) **5**
Fase de la Luna prefiere: Menguante, (que se mueve hacia una nueva luna)
Día apropiado para la siembra con referencia a la fase lunar.

En la siguiente tabla, el cuadro de la derecha marcada ZERO representa la culminación de la primera fase (luna nueva o luna llena) las cajas a la izquierda indican los días que preceden.

-15	-14	-13	-12	-11	-10	-9	-8	-7	-6	-5	-4	-3	-2	-1	0
								x	X	x					

Con pre germinación: posponer 1 día
Temperatura incierta o inestable: anticipar 2 día
Métodos de siembra: Método 1

Achicoria roja, Radicchio

Achicoria roja, Radicchio

Períodos naturales de siembra (resaltados en negro)

S = la siembra en el cálido invernadero. P = Siembra en un ambiente protegido. T = la siembra en el campo.

	Ene	Feb	Mar	Abr	May	Jun	Jul	Ago	Sep	Oct	Nov	Dic
S												
P												
T			■	■	■	■	■	■				

Temperatura de germinación (°C) **20-25**
Tiempo de aparición (días) **5**
Fase de la Luna prefiere: Menguante, (que se mueve hacia una nueva luna)
Día apropiado para la siembra con referencia a la fase lunar.

En la siguiente tabla, el cuadro de la derecha marcada ZERO representa la culminación de la primera fase (luna nueva o luna llena) las cajas a la izquierda indican los días que preceden.

-15	-14	-13	-12	-11	-10	-9	-8	-7	-6	-5	-4	-3	-2	-1	0
								x	X	x					

Con pre germinación: posponer 1 día
Temperatura incierta o inestable: anticipar 2 día
Métodos de siembra: Método 1

Ajo

Ajo

Períodos naturales de siembra (resaltados en negro)

S = la siembra en el cálido invernadero. P = Siembra en un ambiente protegido. T = la siembra en el campo.

	Ene	Feb	Mar	Abr	May	Jun	Jul	Ago	Sep	Oct	Nov	Dic
S												
P												
T		■	■	■	■					■	■	

Temperatura de germinación (°C) **20-25**
Tiempo de aparición (días) **12**
Fase de la Luna prefiere: Menguante, (que se mueve hacia una nueva luna)
Día apropiado para la siembra con referencia a la fase lunar.

En la siguiente tabla, el cuadro de la derecha marcada ZERO representa la culminación de la primera fase (luna nueva o luna llena) las cajas a la izquierda indican los días que preceden.

-15	-14	-13	-12	-11	-10	-9	-8	-7	-6	-5	-4	-3	-2	-1	0
		x	X	x											

Pre-germinación indispensable. Los días indicados se refieren a dientes o bulbos pre-germinadas con la exposición a la luz.
Temperatura incierta o inestable: anticipar 3-4 día
Métodos de siembra: Método 7

Albahaca

Albahaca

Períodos naturales de siembra (resaltados en negro)
S = la siembra en el cálido invernadero. P = Siembra en un ambiente protegido. T = la siembra en el campo.

	Ene	Feb	Mar	Abr	May	Jun	Jul	Ago	Sep	Oct	Nov	Dic
S		■	■									
P			■	■								
T					■	■	■					

Temperatura de germinación (°C) **20-25**
Tiempo de aparición (días) **13**
Fase de la Luna prefiere: Menguante, (que se mueve hacia una nueva luna)
Día apropiado para la siembra con referencia a la fase lunar.

En la siguiente tabla, el cuadro de la derecha marcada ZERO representa la culminación de la primera fase (luna nueva o luna llena) las cajas a la izquierda indican los días que preceden.

-15	-14	-13	-12	-11	-10	-9	-8	-7	-6	-5	-4	-3	-2	-1	0
		x	X	x											

Le recomendamos que antes de germinar. Los días se relacionan con una germinación previa llevada a cabo de2 día.
Temperatura incierta o inestable: anticipar 2 día
Métodos de siembra: Método 2

Alcachofa

Alcachofa

Períodos naturales de siembra (resaltados en negro)
S = la siembra en el cálido invernadero. P = Siembra en un ambiente protegido. T = la siembra en el campo.

	Ene	Feb	Mar	Abr	May	Jun	Jul	Ago	Sep	Oct	Nov	Dic
S		■										
P			■									
T				■	■	■	■	■				

Temperatura de germinación (°C) **30**
Tiempo de aparición (días) **18**
Fase de la Luna prefiere: Creciente (que se mueve hacia la luna llena).
Día apropiado para la siembra con referencia a la fase lunar.
En la siguiente tabla, el cuadro de la derecha marcada ZERO representa la culminación de la primera fase (luna nueva o luna llena) las cajas a la izquierda indican los días que preceden.

-15	-14	-13	-12	-11	-10	-9	-8	-7	-6	-5	-4	-3	-2	-1	0
x	X	x													

Esencial pre-germinar. Los días se relacionan con una germinación previa tres días llevaron a cabo. De hecho, la germinación previa puede comenzar en la luna nueva.

Temperatura incierta o inestable: anticipar 2 día
Métodos de siembra: Método 2

Apio

Apio

Períodos naturales de siembra (resaltados en negro)
S = la siembra en el cálido invernadero. P = Siembra en un ambiente protegido. T = la siembra en el campo.

	Ene	Feb	Mar	Abr	May	Jun	Jul	Ago	Sep	Oct	Nov	Dic
S	■	■	■									
P		■	■									
T				■	■	■	■	■				

Temperatura de germinación (°C) 20-25
Tiempo de aparición (días) 20
Fase de la Luna prefiere: Menguante, (que se mueve hacia una nueva luna)
Día apropiado para la siembra con referencia a la fase lunar.

En la siguiente tabla, el cuadro de la derecha marcada ZERO representa la culminación de la primera fase (luna nueva o luna llena) las cajas a la izquierda indican los días que preceden.

-15	-14	-13	-12	-11	-10	-9	-8	-7	-6	-5	-4	-3	-2	-1	0
x	X	x													

Esencial pre-germinar. Los días se relacionan con un pre-germinación llevado a cabo en tres días. De hecho, los pre-germinación comienza en Luna Creciente, el entierro es en Luna menguante.
Temperatura incierta o inestable: anticipar 2 día
Métodos de siembra: Método 1

Espárrago

Espárrago

Períodos naturales de siembra (resaltados en negro)
S = la siembra en el cálido invernadero. P = Siembra en un ambiente protegido. T = la siembra en el campo.

	Ene	Feb	Mar	Abr	May	Jun	Jul	Ago	Sep	Oct	Nov	Dic
S												
P												
T					■	■						

Temperatura de germinación (°C) **25-30**
Tiempo de aparición (días) **25**
Fase lunar: Indiferente
Día apropiado para la siembra con referencia a la fase lunar.

En la siguiente tabla, el cuadro de la derecha marcada ZERO representa la culminación de la primera fase (luna nueva o luna llena) las cajas a la izquierda indican los días que preceden.

-15	-14	-13	-12	-11	-10	-9	-8	-7	-6	-5	-4	-3	-2	-1	0
X	X	X	X	X	X	X	X	X	X	X	X	X	X	X	X

Por convención conjunta, el Espárrago no muestra una especial sensibilidad a las fases de la Luna.

Métodos de siembra: Método 2

Batata

Batata

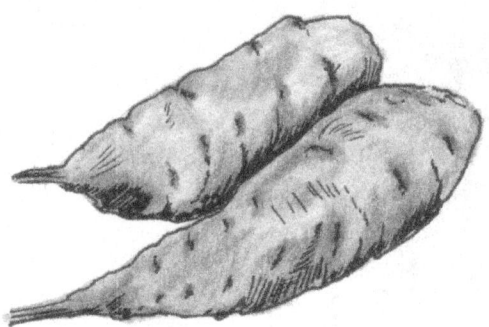

Períodos naturales de siembra (resaltados en negro)
S = la siembra en el cálido invernadero. P = Siembra en un ambiente protegido. T = la siembra en el campo.

	Ene	Feb	Mar	Abr	May	Jun	Jul	Ago	Sep	Oct	Nov	Dic
S												
P												
T				■	■							

Temperatura de germinación (°C) 20
Tiempo de aparición (días) 15
Fase de la luna prefiere: Luna menguante culminando en Luna Nueva
Día apropiado para la siembra con referencia a la fase lunar.

En la siguiente tabla, el cuadro de la derecha marcada ZERO representa la culminación de la primera fase (luna nueva o luna llena) las cajas a la izquierda indican los días que preceden.

-15	-14	-13	-12	-11	-10	-9	-8	-7	-6	-5	-4	-3	-2	-1	0
x	X	x													

Indispensable pre germinar. Los días están relacionados con un pre-germinación realizados con la exposición a la luz, hasta el desarrollo de brotes de largo 2-3 cm. De hecho, la germinación previa comienza en el Luna Creciente.
Temperatura incierta o inestable: impredecible
Métodos de siembra: Método 6

Berenjena

Berenjena

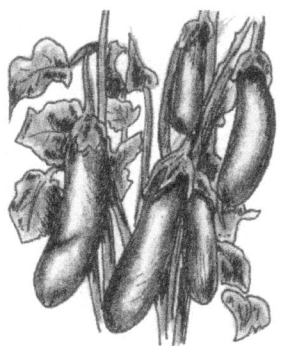

Períodos naturales de siembra (resaltados en negro)
S = la siembra en el cálido invernadero. P = Siembra en un ambiente protegido. T = la siembra en el campo.

	Ene	Feb	Mar	Abr	May	Jun	Jul	Ago	Sept	Oct	Nov	Dic
S	■	■										
P		■	■	■								
T			■	■	■							

Temperatura de germinación (°C) 25-30
Tiempo de aparición (días) 9
Fase de la Luna prefiere: Creciente (que se mueve hacia la luna llena)
Día apropiado para la siembra con referencia a la fase lunar.

En la siguiente tabla, el cuadro de la derecha marcada ZERO representa la culminación de la primera fase (luna nueva o luna llena) las cajas a la izquierda indican los días que preceden.

-15	-14	-13	-12	-11	-10	-9	-8	-7	-6	-5	-4	-3	-2	-1	0
					x	X	x								

Con pre germinación: posponer 2 días.
Temperatura incierta o inestable: anticipar 2 día
Métodos de siembra: Método 2

Bróculi

Bróculi

Períodos naturales de siembra (resaltados en negro)
S = la siembra en el cálido invernadero. P = Siembra en un ambiente protegido. T = la siembra en el campo.

	Ene	Feb	Mar	Abr	May	Jun	Jul	Ago	Sep	Oct	Nov	Dic
S		■	■									
P		■										
T			■	■	■	■	■	■	■	■		

Temperatura de germinación (°C) **30**
Tiempo de aparición (días) **10**
Fase de la Luna prefiere: Creciente (que se mueve hacia la luna llena)
Día apropiado para la siembra con referencia a la fase lunar.

En la siguiente tabla, el cuadro de la derecha marcada ZERO representa la culminación de la primera fase (luna nueva o luna llena) las cajas a la izquierda indican los días que preceden.

-15	-14	-13	-12	-11	-10	-9	-8	-7	-6	-5	-4	-3	-2	-1	0
				x	X	x									

Con pre germinación: posponer 2 días.
Temperatura incierta o inestable: anticipar 2 día
Métodos de siembra: Método 2

Cacahuete

Cacahuete

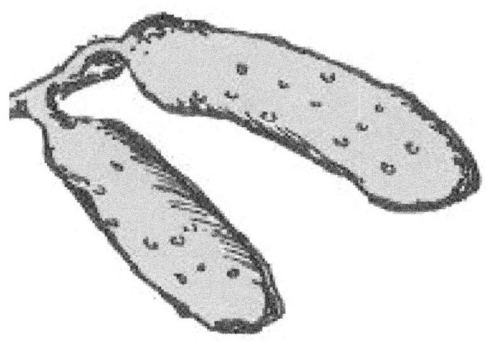

Períodos naturales de siembra (resaltados en negro)
S = la siembra en el cálido invernadero. P = Siembra en un ambiente protegido. T = la siembra en el campo.

	Ene	Feb	Mar	Abr	May	Jun	Jul	Ago	Sep	Oct	Nov	Dic
S												
P												
T			■	■	■							

Temperatura de germinación (°C) 25-30
Tiempo de aparición (días) 9
Fase de la Luna prefiere: Menguante, (que se mueve hacia una nueva luna)
Día apropiado para la siembra con referencia a la fase lunar.

En la siguiente tabla, el cuadro de la derecha marcada ZERO representa la culminación de la primera fase (luna nueva o luna llena) las cajas a la izquierda indican los días que preceden.

-15	-14	-13	-12	-11	-10	-9	-8	-7	-6	-5	-4	-3	-2	-1	0
					x	X	x								

Con pre germinación: posponer 2 días.
Temperatura incierta o inestable: anticipar 2 día
Métodos de siembra: Método 5

Calabacín

Calabacín

Períodos naturales de siembra (resaltados en negro)
S = la siembra en el cálido invernadero. P = Siembra en un ambiente protegido. T = la siembra en el campo.

	Ene	Feb	Mar	Abr	May	Jun	Jul	Ago	Sep	Oct	Nov	Dic
S	■	■	■									
P		■	■	■								
T			■	■	■	■	■	■				

Temperatura de germinación (°C) 25-30
Tiempo de aparición (días) 10
Fase de la Luna prefiere: Creciente (que se mueve hacia la luna llena)
Día apropiado para la siembra con referencia a la fase lunar.

En la siguiente tabla, el cuadro de la derecha marcada ZERO representa la culminación de la primera fase (luna nueva o luna llena) las cajas a la izquierda indican los días que preceden.

-15	-14	-13	-12	-11	-10	-9	-8	-7	-6	-5	-4	-3	-2	-1	0
				x	X	x									

Con pre germinación: posponer 2 días.
Temperatura incierta o inestable: anticipar 2 día
Métodos de siembra: Método 3

Calabaza

Calabaza

Períodos naturales de siembra (resaltados en negro)

S = la siembra en el cálido invernadero. P = Siembra en un ambiente protegido. T = la siembra en el campo.

	Ene	Feb	Mar	Abr	May	Jun	Jul	Ago	Sept	Oct	Nov	Dic
S	■	■	■									
P		■	■	■								
T			■	■	■	■						

Temperatura de germinación (°C) 25-30
Tiempo de aparición (días) 10
Fase de la Luna prefiere: Creciente (que se mueve hacia la luna llena)
Día apropiado para la siembra con referencia a la fase lunar.

En la siguiente tabla, el cuadro de la derecha marcada ZERO representa la culminación de la primera fase (luna nueva o luna llena) las cajas a la izquierda indican los días que preceden.

-15	-14	-13	-12	-11	-10	-9	-8	-7	-6	-5	-4	-3	-2	-1	0
				x	X	x									

Con pre germinación: posponer 2 días.
Temperatura incierta o inestable: anticipar 2 día
Métodos de siembra: Método 3

Canónigos

Canónigos

Períodos naturales de siembra (resaltados en negro)
S = la siembra en el cálido invernadero. P = Siembra en un ambiente protegido. T = la siembra en el campo.

	Ene	Feb	Mar	Abr	May	Jun	Jul	Ago	Sep	Oct	Nov	Dic
S												
P												
T		■	■	■				■	■	■	■	

Temperatura de germinación (°C) **15**
Tiempo de aparición (días) **20**
Fase de la Luna prefiere: Menguante, (que se mueve hacia una nueva luna)
Día apropiado para la siembra con referencia a la fase lunar.

En la siguiente tabla, el cuadro de la derecha marcada ZERO representa la culminación de la primera fase (luna nueva o luna llena) las cajas a la izquierda indican los días que preceden.

-15	-14	-13	-12	-11	-10	-9	-8	-7	-6	-5	-4	-3	-2	-1	0
x	X	x													

Esencial pre-germinar. Los días se relacionan con un pre-germinación llevado a cabo en tres días. De hecho, los pre-germinación comienza en Luna Creciente, el entierro es en Luna menguante.
Temperatura incierta o inestable: anticipar 2 día
Métodos de siembra: Método 8

Cardo

Cardo

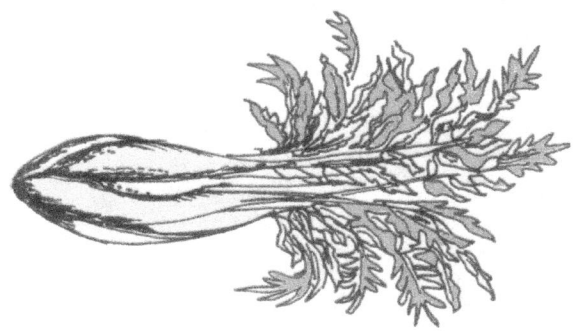

Períodos naturales de siembra (resaltados en negro)
S = la siembra en el cálido invernadero. P = Siembra en un ambiente protegido. T = la siembra en el campo.

	Ene	Feb	Mar	Abr	May	Jun	Jul	Ago	Sep	Oct	Nov	Dic
S												
P												
T			■	■	■							

Temperatura de germinación (°C) **30**
Tiempo de aparición (días) **18**
Fase de la Luna prefiere: Creciente (que se mueve hacia la luna llena)
Día apropiado para la siembra con referencia a la fase lunar.

En la siguiente tabla, el cuadro de la derecha marcada ZERO representa la culminación de la primera fase (luna nueva o luna llena) las cajas a la izquierda indican los días que preceden.

-15	-14	-13	-12	-11	-10	-9	-8	-7	-6	-5	-4	-3	-2	-1	0
x	X	x													

Esencial pre-germinar. Los días se relacionan con una germinación previa tres días llevaron a cabo. De hecho, la germinación previa puede comenzar en la luna nueva.
Temperatura incierta o inestable: anticipar 2 día
Métodos de siembra: Método 2

Cataluña achicoria

Cataluña achicoria

Períodos naturales de siembra (resaltados en negro)
S = la siembra en el cálido invernadero. P = Siembra en un ambiente protegido. T = la siembra en el campo.

	Ene	Feb	Mar	Abr	May	Jun	Jul	Ago	Sep	Oct	Nov	Dic
S												
P												
T					■	■	■	■				

Temperatura de germinación (°C) 20-25
Tiempo de aparición (días) 5
Fase de la Luna prefiere: Menguante, (que se mueve hacia una nueva luna)
Día apropiado para la siembra con referencia a la fase lunar.

En la siguiente tabla, el cuadro de la derecha marcada ZERO representa la culminación de la primera fase (luna nueva o luna llena) las cajas a la izquierda indican los días que preceden.

-15	-14	-13	-12	-11	-10	-9	-8	-7	-6	-5	-4	-3	-2	-1	0
								x	X	x					

Con pre germinación: posponer 1 día
Temperatura incierta o inestable: anticipar 2 día
Métodos de siembra: Método 1

Cebolla fresca

Cebolla fresca

Períodos naturales de siembra (resaltados en negro)
S = la siembra en el cálido invernadero. P = Siembra en un ambiente protegido. T = la siembra en el campo.

	Ene	Feb	Mar	Abr	May	Jun	Jul	Ago	Sep	Oct	Nov	Dic
S												
P												
T		■	■	■	■			■	■	■	■	

Temperatura de germinación (°C) 25-30
Tiempo de aparición (días) 5
Fase de la Luna prefiere: Menguante, (que se mueve hacia una nueva luna)
Día apropiado para la siembra con referencia a la fase lunar.

En la siguiente tabla, el cuadro de la derecha marcada ZERO representa la culminación de la primera fase (luna nueva o luna llena) las cajas a la izquierda indican los días que preceden.

-15	-14	-13	-12	-11	-10	-9	-8	-7	-6	-5	-4	-3	-2	-1	0
								x	X	x					

Con pre germinación: posponer 1 día
Temperatura incierta o inestable: anticipar 2 día
Métodos de siembra: Método 2

Cebolla invierno

Cebolla invierno

Períodos naturales de siembra (resaltados en negro)
S = la siembra en el cálido invernadero. P = Siembra en un ambiente protegido. T = la siembra en el campo.

	Ene	Feb	Mar	Abr	May	Jun	Jul	Ago	Sep	Oct	Nov	Dic
S												
P												
T						■	■	■	■	■	■	

Temperatura de germinación (°C) 25-30
Tiempo de aparición (días) 5
Fase de la Luna prefiere: Menguante, (que se mueve hacia una nueva luna)
Día apropiado para la siembra con referencia a la fase lunar.

En la siguiente tabla, el cuadro de la derecha marcada ZERO representa la culminación de la primera fase (luna nueva o luna llena) las cajas a la izquierda indican los días que preceden.

-15	-14	-13	-12	-11	-10	-9	-8	-7	-6	-5	-4	-3	-2	-1	0
								x	X	x					

Con pre germinación: posponer 1 día
Temperatura incierta o inestable: anticipar 2 día
Métodos de siembra: Método 2

Cebolla verano

Cebolla verano

Períodos naturales de siembra (resaltados en negro)
S = la siembra en el cálido invernadero. P = Siembra en un ambiente protegido. T = la siembra en el campo.

	Ene	Feb	Mar	Abr	May	Jun	Jul	Ago	Sep	Oct	Nov	Dic
S												
P												
T		■	■	■								

Temperatura de germinación (°C) **25-30**
Tiempo de aparición (días) **5**
Fase de la Luna prefiere: Menguante, (que se mueve hacia una nueva luna)
Día apropiado para la siembra con referencia a la fase lunar.

En la siguiente tabla, el cuadro de la derecha marcada ZERO representa la culminación de la primera fase (luna nueva o luna llena) las cajas a la izquierda indican los días que preceden.

-15	-14	-13	-12	-11	-10	-9	-8	-7	-6	-5	-4	-3	-2	-1	0
								x	X	x					

Con pre germinación: posponer 1 día
Temperatura incierta o inestable: anticipar 2 día
Métodos de siembra: Método 2

Chalote

Chalote

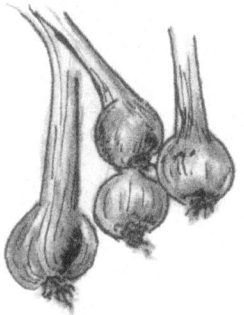

Períodos naturales de siembra (resaltados en negro)
S = la siembra en el cálido invernadero. P = Siembra en un ambiente protegido. T = la siembra en el campo.

	Ene	Feb	Mar	Abr	May	Jun	Jul	Ago	Sep	Oct	Nov	Dic
S												
P												
T		■	■	■						■	■	

Temperatura de germinación (°C) 20-25
Tiempo de aparición (días) **12**
Fase de la Luna prefiere: Menguante, (que se mueve hacia una nueva luna)
Día apropiado para la siembra con referencia a la fase lunar.

En la siguiente tabla, el cuadro de la derecha marcada ZERO representa la culminación de la primera fase (luna nueva o luna llena) las cajas a la izquierda indican los días que preceden.

-15	-14	-13	-12	-11	-10	-9	-8	-7	-6	-5	-4	-3	-2	-1	0
			x	X	x										

Pre germinación indispensable. Los días indicados se refieren a clavo o bulbos pre-germinadas con la exposición a la luz.
Temperatura incierta o inestable: anticipar 3-4 día
Métodos de siembra: Método 7

Cima di Rapa (Bróculi)

Cima di rapa (Bróculi)

Períodos naturales de siembra (resaltados en negro)

S = la siembra en el cálido invernadero. P = Siembra en un ambiente protegido. T = la siembra en el campo.

	Ene	Feb	Mar	Abr	May	Jun	Jul	Ago	Sep	Oct	Nov	Dic
S												
P												
T								■	■	■	■	

Temperatura de germinación (°C) 25
Tiempo de aparición (días) 9
Fase de la Luna prefiere: Menguante, (que se mueve hacia una nueva luna)
Día apropiado para la siembra con referencia a la fase lunar.

En la siguiente tabla, el cuadro de la derecha marcada ZERO representa la culminación de la primera fase (luna nueva o luna llena) las cajas a la izquierda indican los días que preceden.

-15	-14	-13	-12	-11	-10	-9	-8	-7	-6	-5	-4	-3	-2	-1	0
					x	X	x								

Con pre germinación: posponer 1 día
Temperatura incierta o inestable: anticipar 2 día
Métodos de siembra: Método 2

Col china

Col china

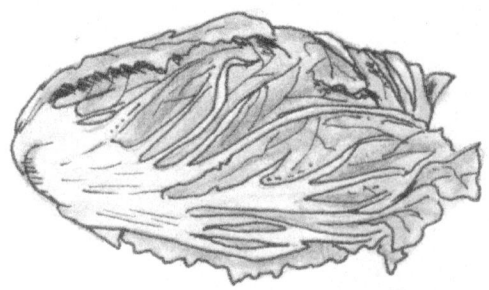

Períodos naturales de siembra (resaltados en negro)
S = la siembra en el cálido invernadero. P = Siembra en un ambiente protegido. T = la siembra en el campo.

	Ene	Feb	Mar	Abr	May	Jun	Jul	Ago	Sep	Oct	Nov	Dic
S												
P												
T				■	■	■						

Temperatura de germinación (°C) **25-30**
Tiempo de aparición (días) **10**
Fase de la Luna prefiere: Menguante, (que se mueve hacia una nueva luna)
Día apropiado para la siembra con referencia a la fase lunar.

En la siguiente tabla, el cuadro de la derecha marcada ZERO representa la culminación de la primera fase (luna nueva o luna llena) las cajas a la izquierda indican los días que preceden.

-15	-14	-13	-12	-11	-10	-9	-8	-7	-6	-5	-4	-3	-2	-1	0
				x	X	x									

Con pre germinación: posponer 2 días.
Temperatura incierta o inestable: anticipar 2 día
Métodos de siembra: Método 2

Col de Milán

Col de Milán

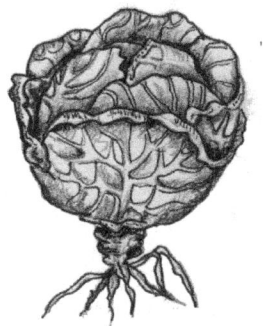

Períodos naturales de siembra (resaltados en negro)
S = la siembra en el cálido invernadero. P = Siembra en un ambiente protegido. T = la siembra en el campo.

	Ene	Feb	Mar	Abr	May	Jun	Jul	Ago	Sep	Oct	Nov	Dic
S		■	■									
P			■	■								
T				■	■	■						

Temperatura de germinación (°C) **25-30**
Tiempo de aparición (días) **10**
Fase de la Luna prefiere: Menguante, (que se mueve hacia una nueva luna)
Día apropiado para la siembra con referencia a la fase lunar.

En la siguiente tabla, el cuadro de la derecha marcada ZERO representa la culminación de la primera fase (luna nueva o luna llena) las cajas a la izquierda indican los días que preceden.

-15	-14	-13	-12	-11	-10	-9	-8	-7	-6	-5	-4	-3	-2	-1	0
				x	X	x									

Con pre germinación: posponer 2 días.
Temperatura incierta o inestable: anticipar 2 día
Métodos de siembra: Método 2

Coles de Bruselas

Coles de Bruselas

Períodos naturales de siembra (resaltados en negro)
S = la siembra en el cálido invernadero. P = Siembra en un ambiente protegido. T = la siembra en el campo.

	Ene	Feb	Mar	Abr	May	Jun	Jul	Ago	Sep	Oct	Nov	Dic
S												
P												
T		■	■	■	■	■	■					

Temperatura de germinación (°C) **30**
Tiempo de aparición (días) **10**
Fase de la Luna prefiere: Creciente (que se mueve hacia la luna llena)
Día apropiado para la siembra con referencia a la fase lunar.

En la siguiente tabla, el cuadro de la derecha marcada ZERO representa la culminación de la primera fase (luna nueva o luna llena) las cajas a la izquierda indican los días que preceden.

-15	-14	-13	-12	-11	-10	-9	-8	-7	-6	-5	-4	-3	-2	-1	0
				x	X	x									

Con pre germinación: posponer 2 días.
Temperatura incierta o inestable: anticipar 2 día
Métodos de siembra: Método 2

Coliflor

Coliflor

Períodos naturales de siembra (resaltados en negro)

S = la siembra en el cálido invernadero. P = Siembra en un ambiente protegido. T = la siembra en el campo.

	Ene	Feb	Mar	Abr	May	Jun	Jul	Ago	Sep	Oct	Nov	Dic
S												
P												
T		■	■	■	■	■	■	■	■	■		

Temperatura de germinación (°C) 30
Tiempo de aparición (días) 10
Fase de la Luna prefiere: Creciente (que se mueve hacia la luna llena)
Día apropiado para la siembra con referencia a la fase lunar.

En la siguiente tabla, el cuadro de la derecha marcada ZERO representa la culminación de la primera fase (luna nueva o luna llena) las cajas a la izquierda indican los días que preceden.

-15	-14	-13	-12	-11	-10	-9	-8	-7	-6	-5	-4	-3	-2	-1	0
				x	X	x									

Con pre germinación: posponer 2 días.
Temperatura incierta o inestable: anticipar 2 día
Métodos de siembra: Método 2

Escarola cabello de angel

Escarola cabello de angel

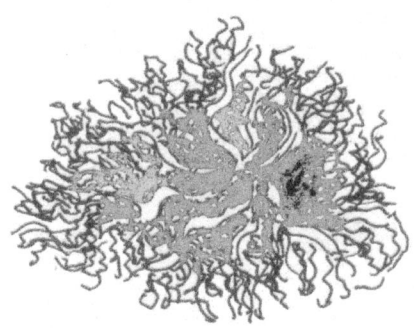

Períodos naturales de siembra (resaltados en negro)
S = la siembra en el cálido invernadero. P = Siembra en un ambiente protegido. T = la siembra en el campo.

	Ene	Feb	Mar	Abr	May	Jun	Jul	Ago	Sep	Oct	Nov	Dic
S	■	■	■									
P	■	■	■									
T		■	■	■	■	■	■	■	■			

Temperatura de germinación (°C) **20-25**
Tiempo de aparición (días) **9**
Fase de la Luna prefiere: Menguante, (que se mueve hacia una nueva luna)
Día apropiado para la siembra con referencia a la fase lunar.

En la siguiente tabla, el cuadro de la derecha marcada ZERO representa la culminación de la primera fase (luna nueva o luna llena) las cajas a la izquierda indican los días que preceden.

-15	-14	-13	-12	-11	-10	-9	-8	-7	-6	-5	-4	-3	-2	-1	0
					x	X	x								

Con pre germinación: posponer 2 días.
Temperatura incierta o inestable: anticipar 2 día
Métodos de siembra: Método 1

Escarola corneta

Escarola corneta

Períodos naturales de siembra (resaltados en negro)
S = la siembra en el cálido invernadero. P = Siembra en un ambiente protegido. T = la siembra en el campo.

	Ene	Feb	Mar	Abr	May	Jun	Jul	Ago	Sep	Oct	Nov	Dic
S	■	■	■									
P	■	■	■									
T			■	■	■	■	■	■	■			

Temperatura de germinación (°C) 20-25
Tiempo de aparición (días) 9
Fase de la Luna prefiere: Menguante, (que se mueve hacia una nueva luna)
Día apropiado para la siembra con referencia a la fase lunar.

En la siguiente tabla, el cuadro de la derecha marcada ZERO representa la culminación de la primera fase (luna nueva o luna llena) las cajas a la izquierda indican los días que preceden.

-15	-14	-13	-12	-11	-10	-9	-8	-7	-6	-5	-4	-3	-2	-1	0
					x	X	x								

Con pre germinación: posponer 2 días.
Temperatura incierta o inestable: anticipar 2 día
Métodos de siembra: Método 1

Espinaca

Espinaca

Períodos naturales de siembra (resaltados en negro)
S = la siembra en el cálido invernadero. P = Siembra en un ambiente protegido. T = la siembra en el campo.

	Ene	Feb	Mar	Abr	May	Jun	Jul	Ago	Sep	Oct	Nov	Dic
S												
P												
T		■	■	■	■	■			■	■	■	

Temperatura de germinación (°C) **16-20**
Tiempo de aparición (días) **12**
Fase de la Luna prefiere: Menguante, (que se mueve hacia una nueva luna)
Día apropiado para la siembra con referencia a la fase lunar.

En la siguiente tabla, el cuadro de la derecha marcada ZERO representa la culminación de la primera fase (luna nueva o luna llena) las cajas a la izquierda indican los días que preceden.

-15	-14	-13	-12	-11	-10	-9	-8	-7	-6	-5	-4	-3	-2	-1	0
		x	X	x											

Con pre germinación: posponer 2 días.
Temperatura incierta o inestable: anticipar 2 día
Métodos de siembra: Método 2

Fresa

Fresa

Períodos naturales de siembra (resaltados en negro)
S = la siembra en el cálido invernadero. P = Siembra en un ambiente protegido. T = la siembra en el campo.

	Ene	Feb	Mar	Abr	May	Jun	Jul	Ago	Sep	Oct	Nov	Dic
S		■	■									
P			■	■								
T		■	■	■	■	■		■	■	■	■	

Temperatura de germinación (°C) 6
Tiempo de aparición (días) 6
Fase de la Luna prefiere: Creciente (que se mueve hacia la luna llena)
Día apropiado para la siembra con referencia a la fase lunar.

En la siguiente tabla, el cuadro de la derecha marcada ZERO representa la culminación de la primera fase (luna nueva o luna llena) las cajas a la izquierda indican los días que preceden.

-15	-14	-13	-12	-11	-10	-9	-8	-7	-6	-5	-4	-3	-2	-1	0
								x	X	x					

Con pre germinación: posponer 1 día
Temperatura incierta o inestable: anticipar 2 día
Métodos de siembra: Método 1. Normalmente ella prefiere comprar plantas para ser trasplantadas.

Frijol enano verde

Frijol enano verde

Períodos naturales de siembra (resaltados en negro)
S = la siembra en el cálido invernadero. P = Siembra en un ambiente protegido. T = la siembra en el campo.

	Ene	Feb	Mar	Abr	May	Jun	Jul	Ago	Sep	Oct	Nov	Dic
S												
P												
T				■	■	■	■	■	■			

Temperatura de germinación (°C) **30**
Tiempo de aparición (días) **5**
Fase de la Luna prefiere: Creciente (que se mueve hacia la luna llena)
Día apropiado para la siembra con referencia a la fase lunar.

En la siguiente tabla, el cuadro de la derecha marcada ZERO representa la culminación de la primera fase (luna nueva o luna llena) las cajas a la izquierda indican los días que preceden.

-15	-14	-13	-12	-11	-10	-9	-8	-7	-6	-5	-4	-3	-2	-1	0
							x	X	x						

Con pre germinación: posponer 2 días.
Temperatura incierta o inestable: anticipar 2 día
Métodos de siembra: Método 5

Fríjol voluble verde

Fríjol voluble verde

Períodos naturales de siembra (resaltados en negro)
S = la siembra en el cálido invernadero. P = Siembra en un ambiente protegido. T = la siembra en el campo.

	Ene	Feb	Mar	Abr	May	Jun	Jul	Ago	Sep	Oct	Nov	Dic
S												
P												
T				■	■	■	■					

Temperatura de germinación (°C) **30**
Tiempo de aparición (días) **5**
Fase de la Luna prefiere: Creciente (que se mueve hacia la luna llena)
Día apropiado para la siembra con referencia a la fase lunar.

En la siguiente tabla, el cuadro de la derecha marcada ZERO representa la culminación de la primera fase (luna nueva o luna llena) las cajas a la izquierda indican los días que preceden.

-15	-14	-13	-12	-11	-10	-9	-8	-7	-6	-5	-4	-3	-2	-1	0
							x	X	x						

Con pre germinación: posponer 2 días.
Temperatura incierta o inestable: anticipar 2 día
Métodos de siembra: Método 5

Guindilla

Guindilla

Períodos naturales de siembra (resaltados en negro)
S = la siembra en el cálido invernadero. P = Siembra en un ambiente protegido. T = la siembra en el campo.

	Ene	Feb	Mar	Abr	May	Jun	Jul	Ago	Sep	Oct	Nov	Dic
S	■	■	■									
P			■	■								
T				■	■							

Temperatura de germinación (°C) **25-30**
Tiempo de aparición (días) **9**
Fase de la Luna prefiere: Creciente (que se mueve hacia la luna llena)
Día apropiado para la siembra con referencia a la fase lunar.

En la siguiente tabla, el cuadro de la derecha marcada ZERO representa la culminación de la primera fase (luna nueva o luna llena) las cajas a la izquierda indican los días que preceden.

-15	-14	-13	-12	-11	-10	-9	-8	-7	-6	-5	-4	-3	-2	-1	0
					x	X	x								

Con pre germinación: posponer 2 días.
Temperatura incierta o inestable: anticipar 2 día
Métodos de siembra: Método 2

Guisante enano

Guisante enano

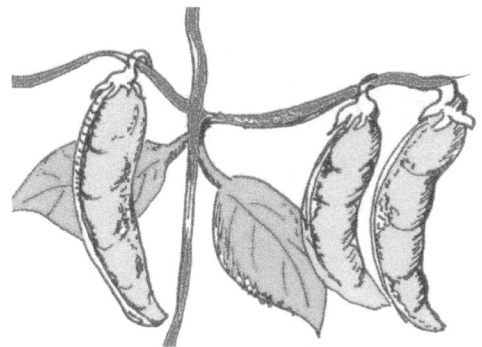

Períodos naturales de siembra (resaltados en negro)
S = la siembra en el cálido invernadero. P = Siembra en un ambiente protegido. T = la siembra en el campo.

	Ene	Feb	Mar	Abr	May	Jun	Jul	Ago	Sep	Oct	Nov	Dic
S												
P												
T	■	■	■	■	■					■	■	■

Temperatura de germinación (°C) 5
Tiempo de aparición (días) **7**
Fase de la Luna prefiere: Creciente (que se mueve hacia la luna llena)
Día apropiado para la siembra con referencia a la fase lunar.

En la siguiente tabla, el cuadro de la derecha marcada ZERO representa la culminación de la primera fase (luna nueva o luna llena) las cajas a la izquierda indican los días que preceden.

-15	-14	-13	-12	-11	-10	-9	-8	-7	-6	-5	-4	-3	-2	-1	0
							x	X	x						

Con pre germinación: posponer 2 días.
Temperatura incierta o inestable: anticipar 2 día
Métodos de siembra: Método 5

Guisante enrame

Guisante enrame

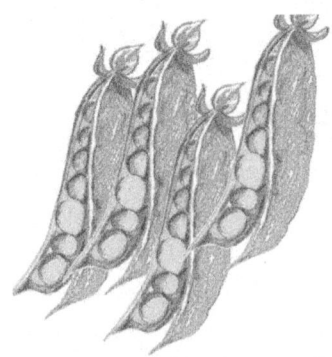

Períodos naturales de siembra (resaltados en negro)
S = la siembra en el cálido invernadero. P = Siembra en un ambiente protegido. T = la siembra en el campo.

	Ene	Feb	Mar	Abr	May	Jun	Jul	Ago	Sep	Oct	Nov	Dic
S												
P												
T	■	■	■							■	■	■

Temperatura de germinación (°C) **5**
Tiempo de aparición (días) **7**
Fase de la Luna prefiere: Creciente (que se mueve hacia la luna llena)
Día apropiado para la siembra con referencia a la fase lunar.

En la siguiente tabla, el cuadro de la derecha marcada ZERO representa la culminación de la primera fase (luna nueva o luna llena) las cajas a la izquierda indican los días que preceden.

-15	-14	-13	-12	-11	-10	-9	-8	-7	-6	-5	-4	-3	-2	-1	0
							x	X	x						

Con pre germinación: posponer 2 días.
Temperatura incierta o inestable: anticipar 2 día
Métodos de siembra: Método 5

Haba

Haba

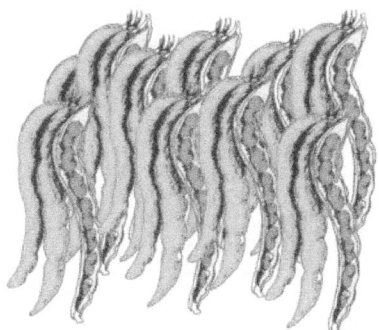

Períodos naturales de siembra (resaltados en negro)
S = la siembra en el cálido invernadero. P = Siembra en un ambiente protegido. T = la siembra en el campo.

	Ene	Feb	Mar	Abr	May	Jun	Jul	Ago	Sep	Oct	Nov	Dic
S												
P												
T	■	■	■						■	■	■	■

Temperatura de germinación (°C) **25-30**
Tiempo de aparición (días) **5**
Fase de la Luna prefiere: Creciente (que se mueve hacia la luna llena)
Día apropiado para la siembra con referencia a la fase lunar.

En la siguiente tabla, el cuadro de la derecha marcada ZERO representa la culminación de la primera fase (luna nueva o luna llena) las cajas a la izquierda indican los días que preceden.

-15	-14	-13	-12	-11	-10	-9	-8	-7	-6	-5	-4	-3	-2	-1	0
								x	X	x					

Con pre germinación: posponer 2 días.
Temperatura incierta o inestable: anticipar 2 día
Métodos de siembra: Método 4

Hinojo

Hinojo

Períodos naturales de siembra (resaltados en negro)
S = la siembra en el cálido invernadero. P = Siembra en un ambiente protegido. T = la siembra en el campo.

	Ene	Feb	Mar	Abr	May	Jun	Jul	Ago	Sep	Oct	Nov	Dic
S												
P												
T						■	■	■	■			

Temperatura de germinación (°C) 20-25
Tiempo de aparición (días) 18
Fase de la Luna prefiere: Menguante, (que se mueve hacia una nueva luna)
Día apropiado para la siembra con referencia a la fase lunar.

En la siguiente tabla, el cuadro de la derecha marcada ZERO representa la culminación de la primera fase (luna nueva o luna llena) las cajas a la izquierda indican los días que preceden.

-15	-14	-13	-12	-11	-10	-9	-8	-7	-6	-5	-4	-3	-2	-1	0
x	X	x													

Esencial pre-germinar. Los días se relacionan con un pre-germinación de tres días. De hecho, la pre-germinación puede comenzar en la luna llena.
Temperatura incierta o inestable: anticipar 2 día
Métodos de siembra: Método 1

Judía enana

Judía enana

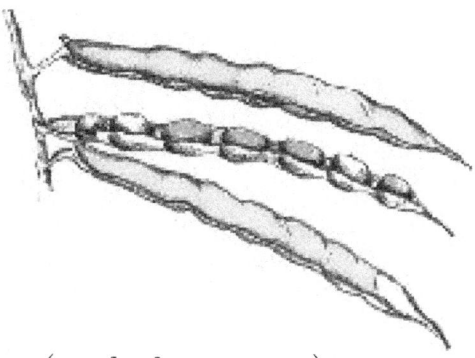

Períodos naturales de siembra (resaltados en negro)
S = la siembra en el cálido invernadero. P = Siembra en un ambiente protegido. T = la siembra en el campo.

	Ene	Feb	Mar	Abr	May	Jun	Jul	Ago	Sep	Oct	Nov	Dic
S												
P												
T				■	■	■	■					

Temperatura de germinación (°C) 30
Tiempo de aparición (días) 5
Fase de la Luna prefiere: Creciente (que se mueve hacia la luna llena)
Día apropiado para la siembra con referencia a la fase lunar.

En la siguiente tabla, el cuadro de la derecha marcada ZERO representa la culminación de la primera fase (luna nueva o luna llena) las cajas a la izquierda indican los días que preceden.

-15	-14	-13	-12	-11	-10	-9	-8	-7	-6	-5	-4	-3	-2	-1	0
								x	X	x					

Con pre germinación: posponer 2 días.
Temperatura incierta o inestable: anticipar 2 día
Métodos de siembra: Método 5

Judía enrame

Judía enrame

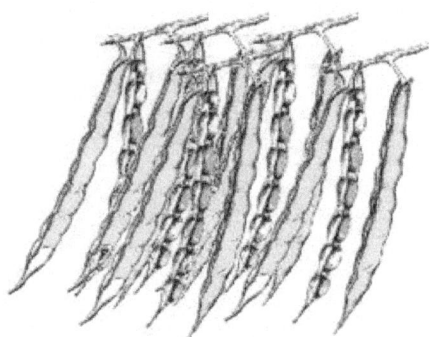

Períodos naturales de siembra (resaltados en negro)
S = la siembra en el cálido invernadero. P = Siembra en un ambiente protegido. T = la siembra en el campo.

	Ene	Feb	Mar	Abr	May	Jun	Jul	Ago	Sep	Oct	Nov	Dic
S												
P												
T				■	■	■	■					

Temperatura de germinación (°C) 30
Tiempo de aparición (días) 5
Fase de la Luna prefiere: Creciente (que se mueve hacia la luna llena)
Día apropiado para la siembra con referencia a la fase lunar.

En la siguiente tabla, el cuadro de la derecha marcada ZERO representa la culminación de la primera fase (luna nueva o luna llena) las cajas a la izquierda indican los días que preceden.

-15	-14	-13	-12	-11	-10	-9	-8	-7	-6	-5	-4	-3	-2	-1	0
								x	X	x					

Con pre germinación: posponer 2 días.
Temperatura incierta o inestable: anticipar 2 día
Métodos de siembra: Método 5

Kale hoja

Kale hoja

Períodos naturales de siembra (resaltados en negro)
S = la siembra en el cálido invernadero. P = Siembra en un ambiente protegido. T = la siembra en el campo.

	Ene	Feb	Mar	Abr	May	Jun	Jul	Ago	Sep	Oct	Nov	Dic
S												
P												
T						■	■	■	■	■	■	■

Temperatura de germinación (°C) **30**
Tiempo de aparición (días) **10**
Fase de la Luna prefiere: Menguante, (que se mueve hacia una nueva luna)
Día apropiado para la siembra con referencia a la fase lunar.

En la siguiente tabla, el cuadro de la derecha marcada ZERO representa la culminación de la primera fase (luna nueva o luna llena) las cajas a la izquierda indican los días que preceden.

-15	-14	-13	-12	-11	-10	-9	-8	-7	-6	-5	-4	-3	-2	-1	0
				x	X	x									

Con pre germinación: posponer 2 días.
Temperatura incierta o inestable: anticipar 2 día
Métodos de siembra: Método 2

Lechuga batavia

Lechuga batavia

Períodos naturales de siembra (resaltados en negro)
S = la siembra en el cálido invernadero. P = Siembra en un ambiente protegido. T = la siembra en el campo.

	Ene	Feb	Mar	Abr	May	Jun	Jul	Ago	Sep	Oct	Nov	Dic
S	■	■										
P		■	■	■								
T			■	■	■	■	■	■	■	■		

Temperatura de germinación (°C) 20-25
Tiempo de aparición (días) 5
Fase de la Luna prefiere: Menguante, (que se mueve hacia una nueva luna)
Día apropiado para la siembra con referencia a la fase lunar.

En la siguiente tabla, el cuadro de la derecha marcada ZERO representa la culminación de la primera fase (luna nueva o luna llena) las cajas a la izquierda indican los días que preceden.

-15	-14	-13	-12	-11	-10	-9	-8	-7	-6	-5	-4	-3	-2	-1	0
								x	X	x					

Con pre germinación: posponer 1 día
Temperatura incierta o inestable: anticipar 2 día
Métodos de siembra: Método 1

Lechuga romana

Lechuga romana

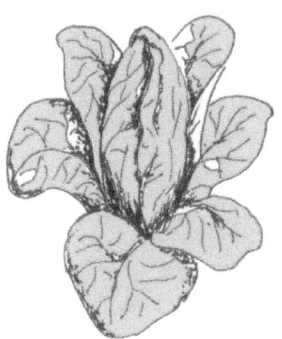

Períodos naturales de siembra (resaltados en negro)
S = la siembra en el cálido invernadero. P = Siembra en un ambiente protegido. T = la siembra en el campo.

	Ene	Feb	Mar	Abr	May	Jun	Jul	Ago	Sep	Oct	Nov	Dic
S												
P												
T			■	■	■	■	■	■	■			

Temperatura de germinación (°C) 20-25
Tiempo de aparición (días) 5
Fase de la Luna prefiere: Menguante, (que se mueve hacia una nueva luna)
Día apropiado para la siembra con referencia a la fase lunar.

En la siguiente tabla, el cuadro de la derecha marcada ZERO representa la culminación de la primera fase (luna nueva o luna llena) las cajas a la izquierda indican los días que preceden.

-15	-14	-13	-12	-11	-10	-9	-8	-7	-6	-5	-4	-3	-2	-1	0
								x	X	x					

Con pre germinación: posponer 1 día
Temperatura incierta o inestable: anticipar 2 día
Métodos de siembra: Método 1

Melón

Melón

Períodos naturales de siembra (resaltados en negro)
S = la siembra en el cálido invernadero. P = Siembra en un ambiente protegido. T = la siembra en el campo.

	Ene	Feb	Mar	Abr	May	Jun	Jul	Ago	Sep	Oct	Nov	Dic
S		■	■									
P			■	■								
T			■	■	■							

Temperatura de germinación (°C) **25-30**
Tiempo de aparición (días) **9**
Fase de la Luna prefiere: Creciente (que se mueve hacia la luna llena)
Día apropiado para la siembra con referencia a la fase lunar.

En la siguiente tabla, el cuadro de la derecha marcada ZERO representa la culminación de la primera fase (luna nueva o luna llena) las cajas a la izquierda indican los días que preceden.

-15	-14	-13	-12	-11	-10	-9	-8	-7	-6	-5	-4	-3	-2	-1	0
					x	X	x								

Con pre germinación: posponer 2 días.
Temperatura incierta o inestable: anticipar 2 día
Métodos de siembra: Método 3

Nabo de mesa

Nabo de mesa

Períodos naturales de siembra (resaltados en negro)
S = la siembra en el cálido invernadero. P = Siembra en un ambiente protegido. T = la siembra en el campo.

	Ene	Feb	Mar	Abr	May	Jun	Jul	Ago	Sep	Oct	Nov	Dic
S	■										■	■
P	■	■								■	■	■
T		■	■	■	■			■	■			

Temperatura de germinación (°C) **25-30**
Tiempo de aparición (días) **7**
Fase de la Luna prefiere: Menguante, (que se mueve hacia una nueva luna)
Día apropiado para la siembra con referencia a la fase lunar.

En la siguiente tabla, el cuadro de la derecha marcada ZERO representa la culminación de la primera fase (luna nueva o luna llena) las cajas a la izquierda indican los días que preceden.

-15	-14	-13	-12	-11	-10	-9	-8	-7	-6	-5	-4	-3	-2	-1	0
							x	X	x						

Con pre germinación: posponer 1 día
Temperatura incierta o inestable: anticipar 2 día
Métodos de siembra: Método 2

Nabo sueco

Nabo sueco

Períodos naturales de siembra (resaltados en negro)

S = la siembra en el cálido invernadero. P = Siembra en un ambiente protegido. T = la siembra en el campo.

	Ene	Feb	Mar	Abr	May	Jun	Jul	Ago	Sep	Oct	Nov	Dic
S												
P												
T			■	■	■	■	■	■				

Temperatura de germinación (°C) **25-30**
Tiempo de aparición (días) **10**
Fase de la Luna prefiere: Menguante, (que se mueve hacia una nueva luna)
Día apropiado para la siembra con referencia a la fase lunar.

En la siguiente tabla, el cuadro de la derecha marcada ZERO representa la culminación de la primera fase (luna nueva o luna llena) las cajas a la izquierda indican los días que preceden.

-15	-14	-13	-12	-11	-10	-9	-8	-7	-6	-5	-4	-3	-2	-1	0
				x	X	x									

Con pre germinación: posponer 2 días.
Temperatura incierta o inestable: anticipar 2 día
Métodos de siembra: Método 2

Patata

Patata

Períodos naturales de siembra (resaltados en negro)
S = la siembra en el cálido invernadero. P = Siembra en un ambiente protegido. T = la siembra en el campo.

	Ene	Feb	Mar	Abr	May	Jun	Jul	Ago	Sep	Oct	Nov	Dic
S												
P												
T			■	■	■	■	■					

Temperatura de germinación (°C) **25**
Tiempo de aparición (días) **20**
Fase de la Luna prefiere: Menguante, (que se mueve hacia una nueva luna).
Día apropiado para la siembra con referencia a la fase lunar.

En la siguiente tabla, el cuadro de la derecha marcada ZERO representa la culminación de la primera fase (luna nueva o luna llena) las cajas a la izquierda indican los días que preceden.

-15	-14	-13	-12	-11	-10	-9	-8	-7	-6	-5	-4	-3	-2	-1	0
x	X	x													

Esencial pre-germinar. Los días están relacionados con un pre-germinación realizados con la exposición a la luz, hasta el desarrollo de brotes de largo 1-2 cm. De hecho, los pre-germinación comienza en Luna Creciente, el entierro es en Luna menguante.
Temperatura incierta o inestable: impredecible
Métodos de siembra: Método 6

Pepinillo

Pepinillo

Períodos naturales de siembra (resaltados en negro)
S = la siembra en el cálido invernadero. P = Siembra en un ambiente protegido. T = la siembra en el campo.

	Ene	Feb	Mar	Abr	May	Jun	Jul	Ago	Sep	Oct	Nov	Dic
S		■	■									
P			■	■	■							
T				■	■	■						

Temperatura de germinación (°C) 30
Tiempo de aparición (días) 8
Fase de la Luna prefiere: Creciente (que se mueve hacia la luna llena)
Día apropiado para la siembra con referencia a la fase lunar.

En la siguiente tabla, el cuadro de la derecha marcada ZERO representa la culminación de la primera fase (luna nueva o luna llena) las cajas a la izquierda indican los días que preceden.

-15	-14	-13	-12	-11	-10	-9	-8	-7	-6	-5	-4	-3	-2	-1	0
						x	X	x							

Con pre germinación: posponer 2 días.
Temperatura incierta o inestable: anticipar 2 día
Métodos de siembra: Método 3

Pepino

Pepino

Períodos naturales de siembra (resaltados en negro)
S = la siembra en el cálido invernadero. P = Siembra en un ambiente protegido. T = la siembra en el campo.

	Ene	Feb	Mar	Abr	May	Jun	Jul	Ago	Sep	Oct	Nov	Dic
S		■	■									
P			■	■								
T				■	■	■						

Temperatura de germinación (°C) 30
Tiempo de aparición (días) 8
Fase de la Luna prefiere: Creciente (que se mueve hacia la luna llena)
Día apropiado para la siembra con referencia a la fase lunar.

En la siguiente tabla, el cuadro de la derecha marcada ZERO representa la culminación de la primera fase (luna nueva o luna llena) las cajas a la izquierda indican los días que preceden.

-15	-14	-13	-12	-11	-10	-9	-8	-7	-6	-5	-4	-3	-2	-1	0
						x	X	x							

Con pre germinación: posponer 2 días.
Temperatura incierta o inestable: anticipar 2 día
Métodos de siembra: Método 3

Perejil

Perejil

Períodos naturales de siembra (resaltados en negro)
S = la siembra en el cálido invernadero. P = Siembra en un ambiente protegido. T = la siembra en el campo.

	Ene	Feb	Mar	Abr	May	Jun	Jul	Ago	Sep	Oct	Nov	Dic
S												
P												
T		■	■	■	■	■		■	■	■		

Temperatura de germinación (°C) **15-20**
Tiempo de aparición (días) **25**
Fase de la Luna prefiere: Creciente (que se mueve hacia la luna llena)
Día apropiado para la siembra con referencia a la fase lunar.

En la siguiente tabla, el cuadro de la derecha marcada ZERO representa la culminación de la primera fase (luna nueva o luna llena) las cajas a la izquierda indican los días que preceden.

-20	-19	-18	...	....	...	-9	-8	-7	-6	-5	-4	-3	-2	-1	0
x	X	x													

Esencial pre-germinado. Los días se relacionan con un pre-germinación cualquier llevada a cabo en tres días. De hecho, la pre-germinación comienza en luna menguante, el entierro en luna creciente.
Temperatura incierta o inestable: anticipar 2 día
Métodos de siembra: Método 1

Pimiento

Pimiento

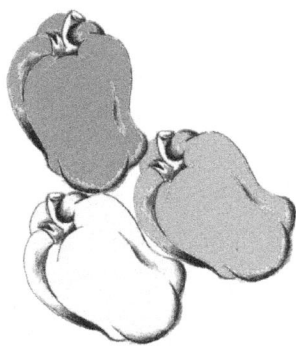

Períodos naturales de siembra (resaltados en negro)
S = la siembra en el cálido invernadero. P = Siembra en un ambiente protegido. T = la siembra en el campo.

	Ene	Feb	Mar	Abr	May	Jun	Jul	Ago	Sep	Oct	Nov	Dic
S	■	■	■									
P		■	■									
T			■	■								

Temperatura de germinación (°C) **25-30**
Tiempo de aparición (días) **9**
Fase de la Luna prefiere: Creciente (que se mueve hacia la luna llena)
Día apropiado para la siembra con referencia a la fase lunar.

En la siguiente tabla, el cuadro de la derecha marcada ZERO representa la culminación de la primera fase (luna nueva o luna llena) las cajas a la izquierda indican los días que preceden.

-15	-14	-13	-12	-11	-10	-9	-8	-7	-6	-5	-4	-3	-2	-1	0
					x	X	x								

Con pre germinación: posponer 2 días.
Temperatura incierta o inestable: anticipar 2 día
Métodos de siembra: Método 2

Puerro

Puerro

Períodos naturales de siembra (resaltados en negro)

S = la siembra en el cálido invernadero. P = Siembra en un ambiente protegido. T = la siembra en el campo.

	Ene	Feb	Mar	Abr	May	Jun	Jul	Ago	Sep	Oct	Nov	Dic
S		■										
P		■										
T			■	■	■	■	■					

Temperatura de germinación (°C) **25-30**
Tiempo de aparición (días) **5**
Fase de la Luna prefiere: Menguante, (que se mueve hacia una nueva luna)
Día apropiado para la siembra con referencia a la fase lunar.

En la siguiente tabla, el cuadro de la derecha marcada ZERO representa la culminación de la primera fase (luna nueva o luna llena) las cajas a la izquierda indican los días que preceden.

-15	-14	-13	-12	-11	-10	-9	-8	-7	-6	-5	-4	-3	-2	-1	0
								x	X	x					

Con pre germinación: posponer 1 día
Temperatura incierta o inestable: anticipar 2 día
Métodos de siembra: Método 2

Rabanilo

Rabanilo

Períodos naturales de siembra (resaltados en negro)
S = la siembra en el cálido invernadero. P = Siembra en un ambiente protegido. T = la siembra en el campo.

	Ene	Feb	Mar	Abr	May	Jun	Jul	Ago	Sep	Oct	Nov	Dic
S		■									■	
P		■									■	
T			■	■	■	■	■	■	■	■		

Temperatura de germinación (°C) 20-25
Tiempo de aparición (días) 7
Fase de la Luna prefiere: Creciente (que se mueve hacia la luna llena)
Día apropiado para la siembra con referencia a la fase lunar.

En la siguiente tabla, el cuadro de la derecha marcada ZERO representa la culminación de la primera fase (luna nueva o luna llena) las cajas a la izquierda indican los días que preceden.

-15	-14	-13	-12	-11	-10	-9	-8	-7	-6	-5	-4	-3	-2	-1	0
							x	X	x						

Con pre germinación: posponer 1 día
Temperatura incierta o inestable: anticipar 2 día
Métodos de siembra: Método 8

Raíz de achicoria

Raíz de achicoria

Períodos naturales de siembra (resaltados en negro)
S = la siembra en el cálido invernadero. P = Siembra en un ambiente protegido. T = la siembra en el campo.

	Ene	Feb	Mar	Abr	May	Jun	Jul	Ago	Sep	Oct	Nov	Dic
S												
P												
T				■	■	■						

Temperatura de germinación (°C) 20-25
Tiempo de aparición (días) 5
Fase de la Luna prefiere: Menguante, (que se mueve hacia una nueva luna)
Día apropiado para la siembra con referencia a la fase lunar.

En la siguiente tabla, el cuadro de la derecha marcada ZERO representa la culminación de la primera fase (luna nueva o luna llena) las cajas a la izquierda indican los días que preceden.

-15	-14	-13	-12	-11	-10	-9	-8	-7	-6	-5	-4	-3	-2	-1	0
								x	X	x					

Con pre germinación: posponer 1 día
Temperatura incierta o inestable: anticipar 2 día
Métodos de siembra: Método 1

Remolacha de mesa

Remolacha de mesa

Períodos naturales de siembra (resaltados en negro)
S = la siembra en el cálido invernadero. P = Siembra en un ambiente protegido. T = la siembra en el campo.

	Ene	Feb	Mar	Abr	May	Jun	Jul	Ago	Sep	Oct	Nov	Dic
S		■	■									
P		■	■	■								
T		■	■	■	■	■	■	■				

Temperatura de germinación (°C) **25-30**
Tiempo de aparición (días) **10**
Fase de la Luna prefiere: Menguante, (que se mueve hacia una nueva luna)
Día apropiado para la siembra con referencia a la fase lunar.

En la siguiente tabla, el cuadro de la derecha marcada ZERO representa la culminación de la primera fase (luna nueva o luna llena) las cajas a la izquierda indican los días que preceden.

-15	-14	-13	-12	-11	-10	-9	-8	-7	-6	-5	-4	-3	-2	-1	0
			x	X	x										

Con pre germinación: posponer 2 días.
Temperatura incierta o inestable: anticipar 2 día
Métodos de siembra: Método 2

Repollo

Repollo

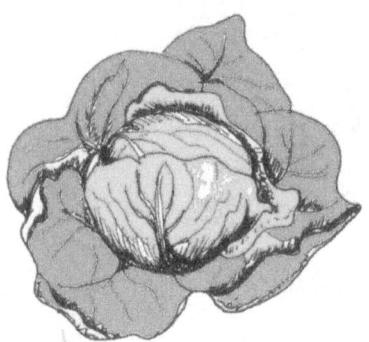

Períodos naturales de siembra (resaltados en negro)

S = la siembra en el cálido invernadero. P = Siembra en un ambiente protegido. T = la siembra en el campo.

	Ene	Feb	Mar	Abr	May	Jun	Jul	Ago	Sep	Oct	Nov	Dic
S												
P			■	■								
T				■	■	■	■	■	■	■		

Temperatura de germinación (°C) **25-30**
Tiempo de aparición (días) **10**
Fase de la Luna prefiere: Menguante, (que se mueve hacia una nueva luna)
Día apropiado para la siembra con referencia a la fase lunar.

En la siguiente tabla, el cuadro de la derecha marcada ZERO representa la culminación de la primera fase (luna nueva o luna llena) las cajas a la izquierda indican los días que preceden.

-15	-14	-13	-12	-11	-10	-9	-8	-7	-6	-5	-4	-3	-2	-1	0
				x	X	x									

Con pre germinación: posponer 2 días.
Temperatura incierta o inestable: anticipar 2 día
Métodos de siembra: Método 2

Rúcula

Rúcula

Períodos naturales de siembra (resaltados en negro)
S = la siembra en el cálido invernadero. P = Siembra en un ambiente protegido. T = la siembra en el campo.

	Ene	Feb	Mar	Abr	May	Jun	Jul	Ago	Sep	Oct	Nov	Dic
S		■									■	
P		■								■	■	
T			■	■	■	■		■	■			

Temperatura de germinación (°C) **15**
Tiempo de aparición (días) **7**
Fase de la Luna prefiere: Creciente (que se mueve hacia la luna llena)
Día apropiado para la siembra con referencia a la fase lunar.

En la siguiente tabla, el cuadro de la derecha marcada ZERO representa la culminación de la primera fase (luna nueva o luna llena) las cajas a la izquierda indican los días que preceden.

-15	-14	-13	-12	-11	-10	-9	-8	-7	-6	-5	-4	-3	-2	-1	0
							x	X	x						

Con pre germinación: posponer 1 día
Temperatura incierta o inestable: anticipar 2 día
Métodos de siembra: Método 2

Salsifís

Salsifís

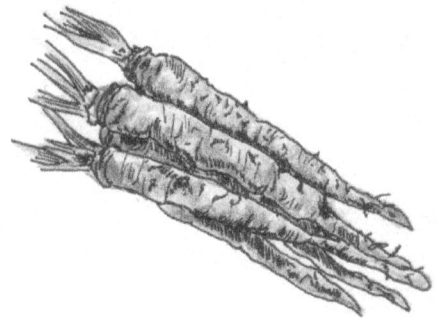

Períodos naturales de siembra (resaltados en negro)
S = la siembra en el cálido invernadero. P = Siembra en un ambiente protegido. T = la siembra en el campo.

	Ene	Feb	Mar	Abr	May	Jun	Jul	Ago	Sep	Oct	Nov	Dic
S												
P												
T			■	■	■	■						

Temperatura de germinación (°C) **20**
Tiempo de aparición (días) **18**
Fase de la Luna prefiere: Menguante, (que se mueve hacia una nueva luna)
Día apropiado para la siembra con referencia a la fase lunar.

En la siguiente tabla, el cuadro de la derecha marcada ZERO representa la culminación de la primera fase (luna nueva o luna llena) las cajas a la izquierda indican los días que preceden.

-15	-14	-13	-12	-11	-10	-9	-8	-7	-6	-5	-4	-3	-2	-1	0
x	X	x													

Esencial pre-germinar. Los días se relacionan con un pre-germinación llevado a cabo en tres días. De hecho, los pre-germinación comienza en Luna Creciente, el entierro es en Luna menguante.
Temperatura incierta o inestable: anticipar 2 día
Métodos de siembra: Método 2

Salsifís negro

Salsifís negro

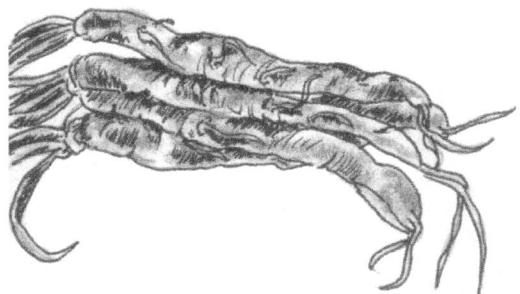

Períodos naturales de siembra (resaltados en negro)
S = la siembra en el cálido invernadero. P = Siembra en un ambiente protegido. T = la siembra en el campo.

	Ene	Feb	Mar	Abr	May	Jun	Jul	Ago	Sep	Oct	Nov	Dic
S												
P												
T		■	■	■	■	■	■	■	■			

Temperatura de germinación (°C) 20-25
Tiempo de aparición (días) 18
Fase de la Luna prefiere: Menguante, (que se mueve hacia una nueva luna)
Día apropiado para la siembra con referencia a la fase lunar.

En la siguiente tabla, el cuadro de la derecha marcada ZERO representa la culminación de la primera fase (luna nueva o luna llena) las cajas a la izquierda indican los días que preceden.

-15	-14	-13	-12	-11	-10	-9	-8	-7	-6	-5	-4	-3	-2	-1	0
x	X	x													

Esencial pre-germinar. Los días se relacionan con un pre-germinación llevado a cabo en tres días. De hecho, los pre-germinación comienza en Luna Creciente, el entierro es en Luna menguante.
Temperatura incierta o inestable: anticipar 2 día
Métodos de siembra: Método 2

Sandía

Sandía

Períodos naturales de siembra (resaltados en negro)
S = la siembra en el cálido invernadero. P = Siembra en un ambiente protegido. T = la siembra en el campo.

	Ene	Feb	Mar	Abr	May	Jun	Jul	Ago	Sep	Oct	Nov	Dic
S		■	■	■								
P			■	■	■							
T				■	■							

Temperatura de germinación (°C) 30
Tiempo de aparición (días) 8
Fase de la Luna prefiere: Creciente (que se mueve hacia la luna llena)
Día apropiado para la siembra con referencia a la fase lunar.

En la siguiente tabla, el cuadro de la derecha marcada ZERO representa la culminación de la primera fase (luna nueva o luna llena) las cajas a la izquierda indican los días que preceden.

-15	-14	-13	-12	-11	-10	-9	-8	-7	-6	-5	-4	-3	-2	-1	0
						x	X	x							

Con pre germinación: posponer 2 días.
Temperatura incierta o inestable: anticipar 2 día
Métodos de siembra: Método 3

Tomate

Tomate

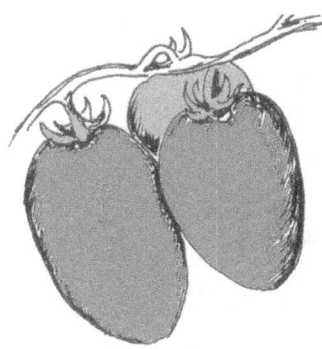

Períodos naturales de siembra (resaltados en negro)

S = la siembra en el cálido invernadero. P = Siembra en un ambiente protegido. T = la siembra en el campo.

	Ene	Feb	Mar	Abr	May	Jun	Jul	Ago	Sep	Oct	Nov	Dic
S	■	■	■									
P		■	■									
T			■	■	■	■						

Temperatura de germinación (°C) 20-25
Tiempo de aparición (días) 8
Fase de la Luna prefiere: Creciente (que se mueve hacia la luna llena)
Día apropiado para la siembra con referencia a la fase lunar.

En la siguiente tabla, el cuadro de la derecha marcada ZERO representa la culminación de la primera fase (luna nueva o luna llena) las cajas a la izquierda indican los días que preceden.

-15	-14	-13	-12	-11	-10	-9	-8	-7	-6	-5	-4	-3	-2	-1	0
						x	X	x							

Con pre germinación: posponer 2 días.
Temperatura incierta o inestable: anticipar 2 día
Métodos de siembra: Método 2

Tupinambo

Tupinambo, Alcachofa de Jerusalén

Períodos naturales de siembra (resaltados en negro)
S = la siembra en el cálido invernadero. P = Siembra en un ambiente protegido. T = la siembra en el campo.

	Ene	Feb	Mar	Abr	May	Jun	Jul	Ago	Sep	Oct	Nov	Dic
S												
P												
T		■	■	■		■			■	■	■	

Temperatura de germinación (°C) 20-25
Tiempo de aparición (días) 20
Fase de la Luna prefiere: Menguante, (que se mueve hacia una nueva luna)
Día apropiado para la siembra con referencia a la fase lunar.

En la siguiente tabla, el cuadro de la derecha marcada ZERO representa la culminación de la primera fase (luna nueva o luna llena) las cajas a la izquierda indican los días que preceden.

-15	-14	-13	-12	-11	-10	-9	-8	-7	-6	-5	-4	-3	-2	-1	0
x	X	x													

Esencial pre-germinar. Los días están relacionados con un pre-germinación realizados con la exposición a la luz, hasta el desarrollo de brotes de largo 2-3 cm. De hecho, la pre-germinación comienza en Luna Creciente.

Temperatura incierta o inestable: impredecible
Métodos de siembra: Método 6

Zanahoria

Zanahoria

Períodos naturales de siembra (resaltados en negro)
S = la siembra en el cálido invernadero. P = Siembra en un ambiente protegido. T = la siembra en el campo.

	Ene	Feb	Mar	Abr	May	Jun	Jul	Ago	Sep	Oct	Nov	Dic
S	■	■										
P	■	■										
T		■	■	■	■	■	■	■	■			

Temperatura de germinación (°C) 25-30
Tiempo de aparición (días) 20
Fase de la Luna prefiere: Creciente (que se mueve hacia la luna llena).
Día apropiado para la siembra con referencia a la fase lunar.

En la siguiente tabla, el cuadro de la derecha marcada ZERO representa la culminación de la primera fase (luna nueva o luna llena) las cajas a la izquierda indican los días que preceden.

-15	-14	-13	-12	-11	-10	-9	-8	-7	-6	-5	-4	-3	-2	-1	0
x	X	x													

Esencial pre-germinar. Los días se relacionan con una germinación previa tres días llevaron a cabo. De hecho, la germinación previa puede comenzar en la luna llena.
Temperatura incierta o inestable: impredecible
Métodos de siembra: Método 1

Conclusión

Este libro ha examinado un aspecto del cultivo de las hortalizas, la influencia de la luna en relación al período de siembra. Equivocaría quien pensara que es suficiente manera la siembra según la luna, para conseguir resultados satisfactorios, como quienquiera equivoca piensas que, no respetando las fases lunares, se ayuda un fracaso del cultivo.

La fase lunar es sola una de los centenares de circunstancias que contribuyen al resultado. Sólo la acción total de una multiplicidad de factores hace sí que el huerto pueda crecer sano y lozano, y pueda dar una producción abundante.

Entre los elementos esenciales encontramos una ventilación moderada, una exposición a la luz solar dilatada muchas horas en el día, un suelo fértil, un riego constante, una vigilancia atenta contra los ataques de parásitos y enfermedades y muchas otras atenciones que deben ser tributadas a las plantas, en cuantos seres vivientes.

El respeto de cada uno de estas actividades nos dará la satisfacción del buen trabajo hecho y la conciencia de haber cumplido todo cuanto posible para desarrollar una relación sana de colaboración con las plantas de nuestro huerto.

También la justa atención por las fases lunares favorables a las siembras hace parte de este conjunto, y puede darnos la seguridad de haber empezado bien. Las plantas no son indiferentes a las curas cariñosas, como todos los estudios recientes confirman cotidianamente. En su silencio misterioso exultarán de alegría en vernos llegar entre las filas, a corresponderán donándonos con amor sus frutos sanos y gustosos. Aunque de modo incomprensible, nosotros y nuestras plantas nos comprenderemos intensamente.

Copyright © 2014 Coltivare l'orto Editrice di Bruno Del Medico

Made in the USA
Monee, IL
03 January 2024

51095171R00059